JN283950

ビギナーズ　日本の思想

空海「般若心経秘鍵」

空海

加藤精一＝編

角川文庫
16804

目次

はじめに

弘法大師空海の著作を、できるだけ正確な現代語訳にして、多くの人々にその概略を理解できるようにしたい、というのが私のかねてからの願いであった。

幸いに、空海の処女作『三教指帰《さんごうしいき》』（二十四歳）、そして思索の帰着点といえる『秘蔵宝鑰《ひぞうほうやく》』（五十七歳と考えられる）は上梓することができた（ともに角川ソフィア文庫）。そして今回は、空海の最後の作品と推定される『般若心経秘鍵《はんにゃしんぎょうひけん》』（六十一歳）を出版することになった。

この作品は、『般若心経』の密教的解釈と言えるものであるが、実は、空海が特別な思い入れと願いを込めた著作であって、一代の思想家、空海が後世の人々に残した希望のように私には受け取れるのである。

本書を一読されて、空海の達意的な構成と大いなる願いに触れて頂ければ幸いである。

なお、本書の構成は、すぐに『秘鍵』に取り掛かるのではなく、わかりやすくお読みいただくための準備段階として、はじめに『秘鍵』から名文を抽出して紹介した。これだけでも、『秘鍵』がどのような内容であるかがわかるようにした。次に『秘鍵』理解の基盤となる『般若心経』の訓み下しと口語訳を置いた。訓み下しには、空海の示す区分にしたがって記号を行間に示し、『秘鍵』を読む上での便とした。もとより、これらは読者の方々への老婆心ながらの用意であって、煩雑とお感じになる読者は、直接『秘鍵』からお読みいただきたい。

般若心経秘鍵の名言

〔凡　例〕

一、『般若心経秘鍵』から古来、名言とされる文句を抜き出して、〔口語訳〕と〔解説〕を付した。

二、名言には、九五頁以降の〔原文　訓み下し〕の当該箇所の頁数を（　）に示したが、ここでは特殊な訓みは避け、一般的な訓みを付した。〔口語訳〕には、本文の訳文より当該箇所の頁数を（　）に示した。

名言1　仏陀のさとりは各自の心中にある

それ仏法《ぶっぽう》はるかにあらず、心中《しんじゅう》にして即《すなわ》ち近《ちか》し。真如外《しんにょほか》にあらず、身《み》を棄《す》てていずくにか求《もと》めん。迷悟《めいご》われにあれば、発心《ほっしん》すれば即ち到《いた》る、明暗他《みょうあんた》にあらざれば、信修《しんしゅ》すればたちまちに証《しょう》す。

（九七頁）

【口語訳】仏陀《ぶっだ》のさとりは決《けっ》してはるか遠くにあるのではなく、自分自身の心の中に本来存在《ほんらいそんざい》していて、きわめて近《ちか》くにあるものなのです。同様に仏陀の説《と》かれる真実《しんじつ》の教《おし》えというものも、どこかよそにあるのではなくて、自心《じしん》の中にあるのですから、この身《み》をおいて他《た》にこれを求めても決《けっ》して得《え》られるものではないのです。

迷《まよ》うのも悟《さと》るのも自分自身なのですから、自分が仏心《ぶっしん》に向《むか》う心を発《おこ》しさえすれば自然に目的に近づけるのですし、道に明《あか》るいとか暗《くら》いとかいうのも、結局《けっきょく》は自分自身が原因《げんいん》なのですから、正しい教《おし》えを信じ、かつ努力しさえすれば、必ず正しい目的に到達《とうたつ》できるのであります。（四七頁）

［解　説］ この一文について、唐の天台僧、明曠《めいこう》著『般若心経疏《しょ》』にほぼ同様の文章がみられる（卍続蔵一－四一－四）。『心経疏』と『般若心経秘鍵』のどちらが先に書かれたかは不明である。かりに『心経疏』が先に出されていたとすれば、これを見た空海がその文章に感銘を受けて自身の著作に引用したことになるが、その逆も考えられる。

念のために付言しておくが、両書の内容はまったく異なっている。明曠の疏は終始、天台教学の立場から『心経』を注釈したものであり、『秘鍵』は真言密教の立場を貫いている。

名言2　心の中を示した密教経典

大般若波羅蜜多心経《だいはんにやはらみたしんぎよう》とは、即《すなわ》ちこれ大般若菩薩《だいはんにやぼさつ》の大心真言三摩地法門《だいしんしんごんさんまじほうもん》なり。（九八頁）

［口語訳］大般若波羅蜜多心経《だいはんにやはらみたしんぎよう》とは、大般若菩薩《だいはんにやぼさつ》のお心《こころ》の内容を説いた経典であります。（五一頁）

［解　説］一般に般若心経とは大般若経六百巻の心要を縮めてある経、と理解されているが、空海の理解は全く違っていて、この経は大般若菩薩という人物の心の中を示した経と理解する。『心経』を密教経典と見るポイントになる重要な経題解釈である。

名言3　一字にすべての教えが含まれる

ある人《ひと》問うて云《い》わく、般若《はんにゃ》は第二未了《みりょう》の教《おし》えなり、何《なん》ぞよく三顕《さんけん》の経《きょう》を呑《の》まん。如来《にょらい》の説法《せっぽう》は、一字《いちじ》に五乗《ごじょう》の義《ぎ》を含《ふく》み、一念《いちねん》に三蔵《さんぞう》の法《ほう》を説《と》く。いかにいわんや、一部《ぶ》一品《ぼん》に何ぞ匱《とぼ》しく、何ぞなからん。亀卦《きけ》爻蓍《ぎょうし》、万象《ばんしょう》を含んで尽《つ》くることなく、帝網声論《たいもうしょうろん》、諸義《しょぎ》を呑んで窮《きわ》まらず。

（一〇〇～一〇一頁）

［口語訳］　ある人がこういう質問をするかも知れません。法相宗《ほっそうしゅう》の三時教判《さんじきょうはん》からいえば、『阿含経《あごんきょう》』は初時教《しょじきょう》、『般若経《はんにゃきょう》』は第二時教《だいにじきょう》で、これらはいずれも未了義《みりょうぎ》

唯識《ゆいしき》教学こそ、『心経《しんぎょう》』は第《だい》二時《にじ》の末了義《みりょうぎ》の教《おし》えなのだか『華厳経《けごんぎょう》』、『解深密経《げじんみつきょう》』などを中心とする唯識教学こそ、ら、第三時教《だいさんじきょう》で顕了《けんりょう》の（完全な）教《おし》えだといいます。これからすれば、『心経』は第二時の末了義の教えなのだから、第三時《だいさんじ》の華厳《けごん》とか法相《ほっそう》の教《おし》えがここに含まれている筈《はず》が無いではないか、と。

それに対して私はこう答えたいと思います。大日如来の説法すなわち真言密教では、一字の中にすべての教えが含まれており、一つの思いの中に、経《きょう》・律《りつ》・論《ろん》（三蔵《さんぞう》）のあらゆる教えを含んでいるくらい深くて広いのです。まして一部の経典、一品《いっぽん》の経文《きょうもん》ともなれば、どうして欠《か》け落《お》ちたものがありましょう。すべての教えが含まれているに違いないのです。

占《うらな》いに長《ちょう》じた人の目から見れば、亀《かめ》の甲《こう》の割《わ》れ目《め》や小さな算木《さんぎ》の並び方の中に、万象《ばんしょう》があらわれて、尽《つ》きることがありませんし、帝釈天《たいしゃくてん》の宮殿をとりまく珠玉《しゅぎょく》の網《あみ》には、重々帝網《じゅうじゅうたいもう》といわれるように一つの珠《たま》にすべての珠《たま》が映《は》え合《あ》って映《うつ》るといいます。帝釈《たいしゃく》の声論《しょうろん》という論書には、インドの伝説で、あらゆることが書かれ、網羅《もうら》されている、といわれるではないですか。これらを考え合わせますと、『心

経』の中にあらゆる仏教の教えがすべて含まれているといっても、少しも不思議ではありません。（五七～五九頁）

［解　説］ 真言密教の基本的な見方を示している。単にことばじりや文字づらで理解するのではなくて深くて広い視点で書物を読み取る必要がある。

名言4　**さまざまな人に応じた教え**

聖人《しょうにん》の薬《やく》を投《とう》ずること、機《き》の深浅《じんせん》に随《したが》い、賢者《けんじゃ》の説黙《せつもく》は、時《とき》を待《ま》ち人《ひと》を待《ま》つ。（一〇一頁）

［口語訳］すぐれた人（大日如来を指す）が人々を救済《きゅうさい》する場合、相手の機根《きこん》（志向《しこう》とか意向《いこう》）をよく観察し、それぞれに一番ぴったりした教えを説いて指導するものですし、賢明《けんめい》な人物は、時《とき》と人《ひと》とをよく考えて、ある時《とき》は説《と》き、ある時は黙《もく》するものなのです、と。つまりこれまでは、密教の深い趣《おもむき》を理解できる人がいなかったので、『心経』の密教的意味が説かれていないのです。（五九頁）

［解　説］仏陀は人々を導くのに、相手の理解の深さに応じて最も理解しやすい

法を説いて下さり、その説法は、相手と時とを選んでおこなうものであるから、時には語り、時にはだまって語られない。これを逆にいえば、仏教の基本は、仏陀が与えてくれるのを待つのではなく、みずから求めていくものなのであって、その心があれば、仏陀は直ちに最も適当な道を人々に示して下さるのである。

この場合の仏陀は真言教主大日如来のことで、この世の中に多くの仏教の教えが存在するのは、大日が種々の相手に応じて、教えを用意してくれている、と理解するのである。

名言5　**人間本来の面目に到達**

真言《しんごん》は不思議《ふしぎ》なり、観誦《かんじゅ》すれば無明《むみょう》を除《のぞ》く、一字《いちじ》に千理《せんり》を含み即身《そくしん》に法如《ほうにょ》を証《ふく》す、行行《ぎょうぎょう》として円寂《えんじゃく》に至《いた》り、去去《ここ》として原初《げんしょ》に入《い》る、三界《さんがい》は客舎《かくしゃ》の如《ごと》し、一心《いっしん》はこれ本居《ほんご》なり。

（一一一頁）

【口語訳】真言《しんごん》ダラニとは何《なん》と不可思議《ふかしぎ》なものでしょう。これを誦《とな》えるだけで、無始以来人間《むしいらいにんげん》が持《も》っている無知《むち》から、解放《かいほう》されるのです。一つの文字に一千もの教えが含まれている、といえますし、煩悩《ぼんのう》を持ったままのこの身体で、大日如来の世界に生きることができますし、すべてのものの原点にたどり着けるのです。そう考えますと、この世のことはあくまで仮《かり》の宿《やど》の如《ごと》きもので、法身《ほっしん》大日如来の実在を知りさえすれば、自心《じしん》のいまの状態で、最も確実な悟《さと》りの境地《きょうち》に居《い》ることがわかるのです。法身大日と共《とも》にある自分こそ間違いなく人間本来の面目《めんもく》に到達しているのであります。(八六～八七頁)

［解　説］ 真言を誦せばその効果が絶大であること、その効果を生かすもころすも、主体はわが心のほかに無きことを示す。

名言6　陀羅尼は一字に千理を含む

如来《にょらい》の説法《せっぽう》に二種《しゅ》あり、一には顕《けん》、二には秘《ひ》。顕機《けんき》のためには多名句《たみょうく》を説《と》き、秘《ひ》根《こん》のためには総持《そうじ》の字《じ》を説《と》く。

（一一二頁）

【口語訳】大日如来が説かれる教えには二種類あります。顕教《けんぎょう》と密教《みつきょう》の二つです。このうち顕教に合う機根《きこん》（能力あるいは志向《しこう》）の人々には、大日如来は、詳《くわ》しい説明や長い解説《かいせつ》を用いて教えられ、したがって顕教では、ある所までしか伝えられない限界があるのです。一方、密教が理解できるような機根の人々に対しては、一字《いちじ》に千理《せんり》を含《ふく》むというような陀羅尼《だらに》（総持《そうじ》）を用いて法を説かれるのです。

であります から、『大日経』などでは、大日如来おんみずから阿字《あじ》とか奄字《おんじ》な

どの字義を用いておられまして、こうした深い趣《おもむき》を含む陀羅尼は、密教の機根の持ち主には大いに役立つのです。(八八～八九頁)

[解　説] 空海は自《みずか》らの主張を密教といい、その他の教えを顕教《けんぎょう》という。これを曼荼羅で示せば、中央の大日如来の説いた教えが密教であり、他の周辺の諸尊が説いた教えが顕教である。そして周辺の諸尊はすべて大日如来が身《み》を変えて出現された大日の応化身《おうけしん》であって大日とまわりの尊とは別のものではない。

密教は、他のあらゆる教えを内含し統合しながら、顕教とは全く異なる立場を維持しており、その結果、世の中に種々の思想や宗教があるのは、大日如来が人間それぞれの志向や好みに応じて各人が最もふさわしいものを選べるようにしている、と受け取るのである。宗教の違いで対立したり抗争したりするのは愚の骨頂であることが空海の主張の大きなポイントである。

名言7　眼力が密教を見いだす

問《と》う、顕密《けんみつ》二教《きょう》その旨《むね》はるかにはるかなり。今《いま》この顕経《けんぎょう》の中《なか》に秘義《ひぎ》を説《と》く、不可《ふか》なり。医王《いおう》の目《め》には途《みち》に触《ふ》れてみな薬《くすり》なり。解宝《げほう》の人《にん》は礦石《こうしゃく》を宝《たから》とみる。知《し》ると知《し》らざると、たれか罪過《ざいか》ぞ。

（一一二～一一三頁）

［口語訳］　また、次のような疑問を持つ人があるでしょう。顕教《けんぎょう》と密教《みっきょう》とは趣旨《しゅし》が全《まった》くかけ離《はな》れているとすれば、いまこの『心経《しんぎょう》』のような、いわゆる顕教の経典の文中に、密教の深旨《じんし》が説かれているなどとする解釈《かいしゃく》は、不可能のはずではないか、と。

それに対して私《わたくし》はこう答えましょう。医道にすぐれて詳《くわ》しい医師が見れば、一般の人ではわからない道端《みちばた》の一草でも、それがなにに効《き》く薬草であるかが見通せるし、宝石に詳《くわ》しい人は、他《た》の者が気づかない鉱石《こうせき》の中に、貴重な宝石がうもれているることが知れるのであります。

このように、深い趣旨《しゅし》に気《き》づくか気《き》づかないかは、誰《だれ》のせいでもない、その人の眼力《がんりき》に依るのであります。（九〇～九一頁）

〔解　説〕 文意は口語訳を読んで頂けば十分だが、顕密二教のへだたりは、ひとえに、見る人の見方、眼力《がんりき》にかかっていることを端的に示した名句である。『秘鍵』の精神のすべてがこの句に凝結していると言っても過言《かごん》ではない。

名言8　顕教か密教か、眼力で決まる

顕密《けんみつ》は人《にん》に在《あ》り、声字《しょうじ》は即《すなわ》ち非《ひ》なり。
（一一三頁）

[口語訳] 顕教か密教かの判別《はんべつ》は、それを見る人の眼力《がんりき》で決まるものなのであって、ことばじりや文字づらで決まるものではないのです。（九二頁）

[解　説] これも前と全同の趣旨で、『秘鍵』を代表する空海の名句である。

般《はん》若《にゃ》心《しん》経《ぎょう》

〔訓み下し・口語訳〕

〔凡　例〕

一、空海は『般若心経』が読者の頭に入っているものとして、『般若心経秘鍵』の論を展開しているため、『般若心経』〔訓み下し・口語訳〕を設けた。

二、〔訓み下し〕には、空海が『秘鍵』で指摘した箇所を明示した。経文の下には、空海が『秘鍵』で区分した「五分判釈」によって、それぞれの該当範囲を示した。傍線は2種。傍線——は『秘鍵』の「四　極めて広い心経の内容」（五一頁）の箇所で指摘された部分を示し、A、B、C……の記号を始めと終わりに付け、本文と対応させた。傍線〰〰は「五分判釈」での区分内の細かな箇所を示した。また、「第五　秘蔵真言分」（八五頁）での指摘は、該当箇所に傍書した。

三、以上、明示した箇所は、読者のために便宜的に示したものである。

仏《ぶつ》説《せつ》摩《ま》訶《か》般《はん》若《にゃ》波《は》羅《ら》蜜《み》多《た》心《しん》経《ぎょう》

観《かん》自《じ》在《ざい》菩《ぼ》薩《さつ》が深《じん》般《はん》若《にゃ》波《は》羅《ら》蜜《み》多《た》を行《ぎょう》ぜし時、

諸《しょ》法《ほう》は皆《かい》空《くう》なることを照《しょう》見《けん》して、一《いっ》切《さい》苦《く》

厄《やく》を度《ど》したまえり。

第一　人法総通分

(因・行・証・入・時)

舎利子《しゃりし》よ、色《しき》は空《くう》に異《こと》ならず、空《くう》は色《しき》に異《こと》ならず、色《しき》すなわちこれ空《くう》、空《くう》すなわちこれ色《しき》なり。受《じゅ》・想《そう》・行《ぎょう》・識《しき》もまたま た是《かく》の如《ごと》し。舎利子よ、是《こ》の諸《しょ》法《ほう》空《くう》の相《そう》は、生《しょう》ぜず滅《めっ》せず、垢《あか》つかず浄《きよ》からず、

第二　分別諸乗分
（建・絶・相・二・一）

絶相

増《ま》さず減《げん》ぜず、是《こ》の故《ゆえ》に空《くう》の中には色《しき》も無く、受・想・行・識も無く、眼《げん》・耳《に》・鼻《び》・舌《ぜつ》・身《しん》・意《い》も無く、色《しき》・声《しょう》・香《こう》・味《み》・触《そく》・法《ほう》も無く、

G

眼界《げんかい》も無く乃至《ないし》意識界《いしきかい》も無く、

G 相二の縁

無明《むみょう》も無く無明《むみょう》の尽《じん》も無

第二 分別諸乗分

（建・絶・相・二・一）

く、乃至《ないし》老死《ろうし》も無く老死《ろうし》の尽《じん》も無く、苦《く》・集《じゅう》・滅《めつ》・道《どう》も無く、智《ち》も無くまた得《とく》も無し。無所得《むしょとく》を以《もつ》ての故《ゆえ》なり。

菩提薩埵《ぼだいさつた》は、般若波羅蜜多《はんにゃはらみた》に依《よ》るが故《ゆえ》に心《こころ》に罣礙《けいげ》無く、罣礙《けいげ》無きが故《ゆえ》に恐怖《くふ》ある

二の縁
この声
この声
行人
行人
法の因と行
法の因と行
法の入

第二　分別諸乗分
（建・絶・相・二・一）

こと無く、一切《いっさい》の顛倒《てんどう》夢想《むそう》を遠離《おんり》して究《く》竟涅槃《きょうねはん》せん。

C—法の入

D—三世《さんぜ》の諸仏《しょぶつ》は般若波羅蜜多に依《よ》るが故《ゆえ》に、阿耨多羅三藐三菩提《あのくたらさんみゃくさんぼだい》を得《え》たまえり。—D 法の証

法の証

故《ゆえ》に知るべし般若波羅蜜多は是れ」

第三　行人得益分

（行人と法）

声聞乗の真言
大神呪《だいじんしゅ》なり、是れ大明呪《だいみょうしゅ》なり、是れ
縁覚乗の真言

大乗諸教の真言
無上呪《むじょうしゅ》なり、是れ無等等呪《むとうどうしゅ》なり。能《よ》く
真言密教

一切の苦《く》を除《のぞ》き、真実《しんじつ》にして虚《こ》ならず、

故に般若波羅蜜多呪《しゅ》と説く。

即《すなわ》ち呪《しゅ》を説いて曰《のたまわ》く、

第四　総帰持明分

声聞・縁覚乗の行果　大乗諸宗の行果　真言の密教の行果　各宗

羯《ぎや》諦《てい》羯《ぎや》諦《てい》、波《はー》羅《ら》羯諦、波《は》羅《ら》僧《そー》羯《ぎや》諦《てい》、菩《ぼー》

各派目的達成

提《じ》娑《そ》婆《わ》訶《か》

般若心経

第五　秘蔵真言分

〔口語訳〕

観自在菩薩《かんじざいぼさつ》が深き般若波羅蜜多《はんにゃはらみた》の修行をされた結果、人間を構成する五《ご》蘊《うん》（色《しき》、受《じゅ》、想《そう》、行《ぎょう》、識《しき》。順に肉体、感覚、表象、意思、意識の五つが集まったとする）は、実《じつ》は実体《じったい》が無《な》い、空《くう》であることをはっきりと確認され、一切の苦しみを乗り越えることができたという。舎利子《しゃりし》よ、色（肉体）は空《くう》であって、実体が無いのと異《こと》ならない。受（感覚）も、想（表象）も、行（意思）も、識（意識）もまた同じことがいえる。だからすべての存在を仮《け》有《う》（仮の存在）として認めてそのまま空《くう》なのである。舎利子よ、実体の無いことは、存在する諸法と異《こと》ならないから、諸法の空相《くうそう》はそのままで、生まれもしないしなくなりもしない。不潔にもならないし清浄にもならない。増えもしないし減りもしない。しかも存在するかのような仮有《けう》の姿を示している。であるから、すべての諸法もまたその通りであり、小乗仏教（南方仏教）で実在するると主張するような五蘊もなく、六根《ろっこん》（眼《げん》・耳《に》・鼻《び》・舌《ぜっ》・身《しん》・意《い》）もなく、六境《ろっきょう》（色《しき》、声《しょう》、香《こう》、味《み》、触《そく》、法《ほう》）もなく、六識界《ろくしきかい》（眼界、耳界、鼻界、舌界、身界、意識界）もなく、十二因縁《じゅうにいんねん》（無明《むみょう》、行《ぎょう》、識《しき》、名色《みょうしき》、六入《ろくにゅう》、触《そく》、受《じゅ》、愛《あい》、取《しゅ》、有《う》、生《しょう》、老死《ろうし》）の順観《じゅんかん》と逆観《ぎゃくかん》がともになく、四諦《したい》（苦《く》、集《じゅう》、滅《めつ》、道《どう》）もない。一面で空であり一面では仮有《けう》であることに違いない[注]。

これらの法を知る主体《しゅたい》（智《ち》）も無く、知られる客体《きゃくたい》（得《とく》）も無い。これが無所得空《むしょとくくう》の境地《きょうち》なのである。

このゆえに、般若を実践する大乗の菩薩《ぼさつ》は、般若の智慧によって彼岸《ひがん》に到《いた》る努力を続ける結果として心にさわりやわだかまりが無く、その結果、恐怖《きょうふ》の心も無く、一切のあやまった見方から離れて真実の悟《さと》りの境地に至《いた》ることができるのである。そして、大乗仏教における過去、現在、未来の三世《さんぜ》の諸仏諸如来《しょぶつしょにょらい》は、当然のことながら、こうした般若の空思想の実践によって、無上正等菩提《むじょうしょうとうぼだい》（この上もない正しいさとり）を得《え》たまわれたのである。これでわかるように、「般若波羅蜜多《はんにゃはらみた》」は、大神咒《だいじんしゅ》（霊妙な真言）であり、大明咒《だいみょうしゅ》（明快な真言）であり、無上咒《むじょうしゅ》（極上の真言）であり、無等等咒《むとうどうしゅ》（比類ない真言）である。一切の苦しみを除き、真実なるものであり、虚《むな》しいものでは決して無い。このゆえに「般若波羅蜜多咒」というのである。最後に咒《しゅ》（真言）を説かれてのたまわく、往《い》ける時に、往《い》ける時に、彼岸《ひがん》に往《い》ける時に、彼岸に本当に往ける時に、そこに悟りがある（往ける者よ、往ける者よ、彼岸に往ける者よ、彼岸に本当に往ける者よ、そこが悟りである）。

（注）　たとえてみれば、水《みず》と波《なみ》とは、水の面から見れば水、波の面から見れば波であって、しかも互いに離れない関係にあるのと似《に》ている。

また黄金で造られた飾りものが、一面ではすべてが金であり、他面では種々の飾りものであって、しかもこの両面は別のものではないのと同様である。

小乗仏教では人空法有《にんぐうほうう》といって、アートマン（実我《じつが》）を考えず、神話の神から手を切った立場を堅持するが、五蘊等の法《ほう》は存在する、と説き、これを五蘊無我説《ごうんむがせつ》（唯蘊無我説《ゆいうんむがせつ》とも）と称する。この五蘊をさらに分析して、六根《ろっこん》、六境《ろっきょう》、六識界《ろくしきかい》、さらに小乗のうちの声聞乗《しょうもんじょう》では、四諦《したい》の法門、これも小乗の縁覚乗《えんがくじょう》では十二因縁《いんねん》の順観《じゅんかん》と逆観《ぎゃくかん》などによって、法が構成されている、という立場をとっている。これらの煩瑣《はんさ》な法の分析に対して、大乗仏教の般若《はんにゃ》思想は、これら小乗で主張する詳細《しょうさい》な法の実在を、すべて片《かた》っ端《ぱし》から否定《ひてい》し、「因縁生無自性《いんねんしょうむじしょう》」（因縁によって生じたものは、分析などしなくとも、本来的に自性など無い、と達観する考え方）という新展開《しんてんかい》を図《はか》ったのである。この主張は、『大智《だいち》度論《どろん》』によれば、「人無我法無我《にんむがほうむが》」、「人法二無我《にんぼうにむが》」といって、小乗仏教の「人空法有《にんぐうほうう》」の空《くう》思想を打ち破り、さらに徹底《てってい》した般若《はんにゃ》の空《くう》思想を樹立《じゅりつ》したのである。

般若《はんにゃ》心経《しんぎょう》秘鍵《ひけん》

〔口語訳〕

〔凡例〕

一、段落の通番は、口語訳と訓み下しと対応させた。

二、『般若心経秘鍵』では、『般若心経』が縦横に引用されており、経文の確認の便に、二九頁以降に『心経』を掲載した。

三、『秘鍵』の「四　極めて広い心経の内容」（五一頁）にみえる（　）内で示した「A、B、C……」の記号は、『心経』の〔訓み下し〕の傍線で示したA、B、C……の記号に対応する。

四、『秘鍵』の「五分判釈」の区分と、それぞれ細かく指摘した箇所も、『心経』の〔訓み下し〕に傍線で示しておいた。

般若《はんにゃ》心《しん》経《ぎょう》秘《ひ》鍵《けん》

（般若心経の真意を読み解く秘密の鍵《かぎ》）

遍照金剛《へんじょうこんごう》撰
（空海　著）

一　序　文　禅定と智慧の密教的開明

文殊《もんじゅ》菩薩が手に持つ剣《つるぎ》は、誤《あやま》った考え方を断《た》ち切《き》ってくれますし、般若《はんにゃ》菩薩が手にしている経典《きょうてん》は、人々を正しく指導する師匠《ししょう》の役目を果《は》たしてくれます。このお二人の菩薩《ぼさつ》をあらわす種子《しゅじ》（梵字《ぼんじ》）は𑖠𑖱𑖾《ヂク》と𑖦𑖽《マン》の二字ですが、この二字には、あらゆる教《おし》えが含《ふく》まれておりまして、それぞれ真言陀《だ》羅《ら》尼《に》というべきものであります。

さて私たちは、生まれては死んでいく無《む》限《げん》に続くであろう生死《しょうじ》の海を、一体《いったい》どうやって乗り切って彼《ひ》岸《がん》に渡ったらよいのでしょう。その実現のために必要なものはただ二つ、心を静《しず》めること、そして正しい智《ち》慧《え》を養うことなのです。すなわち、禅定《ぜんじょう》と智慧は、先《さき》に挙《あ》げた文殊《もんじゅ》・般若《はんにゃ》の二《に》菩《ぼ》薩《さつ》のお心そのものなのです。

しかしこの菩薩の心のうちを密教的に開明《かいめい》することは、菩薩がたがご自身では実施《じっし》して下さってはいないのです。そこで私（空海）は、仏陀《ぶつだ》大日如来になりかわってこれを述《の》べてみようと思うのです。どうかこの私の思いをお許《ゆる》し下さって、ご加《か》護《ご》を賜《たまわ》りますように。

二　仏陀のさとりは各自の心中にある

仏陀《ぶつだ》のさとりは決《けっ》してはるか遠くにあるのではなく、自分自身の心の中に本来存在《ほんらいそんざい》していて、きわめて近《ちか》くにあるものなのです。同様に仏陀の説《と》かれる真実《しんじつ》の教《おし》えというものも、どこかよそにあるのではなくて、自心《じしん》の中にあるのですから、この身《み》をおいて他《た》にこれを求めても決《けっ》して得《え》られるものではないのです。

迷《まよ》うのも悟《さと》るのも自分自身なのですから、自分が仏心《ぶっしん》に向《むか》う心を発《おこ》しさえすれば自然に目的に近づけるのですし、道に明《あか》るいとか暗《くら》いとかいうのも、結局《けっきょく》は自分自身が原因《げんいん》なのですから、正しい教《おし》えを信じ、かつ努力しさえすれば、必ず正しい目的に到達《とうたつ》できるのであります。

けれども人々は、多くの場合、残念ながらこのことに気づかず、暗夜《あんや》に長い眠《ねむ》りについている状態ですし、痛《いた》ましいことに、酔《よ》って正気《しょうき》を失《うしな》っているようなありさまです。世間《せけん》の現状は、酔《よ》いつぶれた者《もの》が逆《ぎゃく》に正気《しょうき》の者《もの》をあざわらったり、寝《ね》ぼけた者が覚《さ》めている者をあざけったりで、全く逆のありさまです。もし仏陀の正しい教えで救済《きゅうさい》しなければ、一体いつになったら、自心《じしん》に仏陀が実在することに気づくことができるのでしょう。

三　世の中に種々の教えがある理由

とは言え、真実を見抜く力量《りきりょう》や、悟《さと》りに至《いた》る速《はや》さなどは、人《ひと》それぞれですし、各自《かくじ》の好《この》みの方向もまちまちです。密教にも金剛界《こんごうかい》と胎蔵界《たいぞうかい》の二つの見方《みかた》があって、人々の機根《きこん》（こころざし）に応じた見方が提供《ていきょう》されていますし、他《た》の仏教各種の教えも、密教に比《くら》べればまだまだ浅い見方なのですが、馬小屋の馬が、前に横たわる埒《らち》（柵《さく》）を越《こ》えられないように、それを信じている人々の前には壁が立ちはだかっていますから、なかなかそれを乗り越えて進むこともままならないのです。

しかしこうしたさまざまな教《おし》えがあっても、仏陀大日如来が人々の好みに応じて各種の教えを提供して下さっている、と考えればよいのです。各種の教えが存在するのは、決して無駄《むだ》ではないのです。仏陀大日如来が人々にさまざまな過程《かてい》となる教えを示し、人々をより高い立場へ次第《しだい》にいざなっていかれる、と受《う》け止《と》めればよいのです。大日如来が衆生《しゅじょう》を導《みちび》く方法は、このようにすべからく深い思いやりの心をもってなされているのです。

四　極めて広い心経の内容

大般若波羅蜜多心経《だいはんにゃはらみたしんぎょう》とは、大般若菩薩《だいはんにゃぼさつ》のお心《こころ》の内容を説いた経典でありま す。字数は一枚の紙に十分おさまりますし、書いても十四行と短いものです。

しかしそこに含《ふく》まれる内容は、極《きわ》めて重く深いのです。その深さと広さたるや、仏教のあらゆる教えがこの経典に含まれていてなおゆとりがあるほどですし、仏教各宗のあらゆる修行とその目的がすべて納《おさ》まっていてまだ余裕《よゆう》があるほどなのです。

（これ以降《いこう》の一節は、本書の総説というべきもので、『心経』には仏教のあらゆる教えが含まれていて、そのゆえにこの経自体が曼荼羅《まんだら》であり、真言《しんごん》陀羅尼《だらに》であることを説《の》べる。まさに空海の独壇場《どくだんじょう》である。読者各位も十分に心を広く持って空海の真意を理解して頂きたい。――訳者注）

1　華厳・三論・法相・天台のこころ

経のはじめの「観自在菩薩《かんじざいぼさつ》」（A）は七宗で代表される仏教の各宗の修行者の総称《そうしょう》であります。さらに経中の「一切苦厄《いっさいくやく》を度《ど》したまえり」（B）「究竟涅槃《くきょうねはん》せん」（C）等は、各種の教えのめざすべき境地にそれぞれ到達することを示しています。さらに経中の「五蘊《ごうん》」（色《しき》・受《じゅ》・想《そう》・行《ぎょう》・識《しき》）は各宗で空《くう》じるべき迷《まよ》いの心を総称し、「三世《さんぜ》の諸仏《しょぶつ》」（D）は各宗で仰《あお》ぐ理想の仏陀の総称であります。

このように心経を広く理解していけば、心経の中には仏教すべての宗派の行果《ぎょうか》（修行と成果）が含まれつくしていることになるのです。

経の中の「色即是空《しきそくぜくう》、空即是色《くうそくぜしき》」（E）の部分は、異なった二つのものを即《そく》（イコール）で結ぶという意味で、華厳《けごん》宗の法界縁起《ほっかいえんぎ》の教えが説かれていると考えられますが、そうなれば普賢菩薩《ふげんぼさつ》はご自心《じしん》の境界《きょうがい》である華厳《けごん》の教理《きょうり》だと知って、あごを開いて笑い喜ばれます。

次に経の中の「不生不滅《ふしょうふめつ》」以下（F）は、あたかも不生不滅、不常不断《ふじょうふだん》、不一不異《ふいつふい》、不来不去《ふらいふこ》の八不中道《はっぷちゅうどう》の三論《さんろん》宗の教理に相当するから、文殊菩薩《もんじゅぼさつ》はこれを御《ご》自身の八不観《はっぷかん》だと知って大笑いして喜ばれます。

また経の「眼界《げんかい》もなく乃至意識界《ないしいしきかい》もなし」（G）の部分は、八識《はっしき》を説く唯識《ゆいしき》学の法相《ほっそう》宗が説かれてある、と知れば、弥勒菩薩《みろくぼさつ》は、わが内証《ないしょう》が説かれていると知って手を拍《う》って喜ばれます。

さらに経の「智もなくまた得もなし」（H）の部分は、境智不二《きょうちふに》、会三《えさん》帰一《きいつ》の天台法華宗《てんだいほっけ》の境地が説かれていると知って、観世音菩薩《かんぜおんぼさつ》が大喜びされるのです。

(以上、華厳《けごん》・三論《さんろん》・法相《ほっそう》・天台《てんだい》のめざす境地を、普賢《ふげん》・文殊《もんじゅ》・弥勒《みろく》・観音《かんのん》という胎蔵曼荼羅《たいぞうまんだら》における中台八葉院《ちゅうだいはちようゐん》の四菩薩《しぼさつ》に配当《はいとう》したのは空海であり、その結果としてこれら大乗の四宗は直《ただ》ちに中央の大日如来の一智《いっち》一徳《いっとく》を表わすことにつながってくるのである。——訳者注)

2　二乗教のこころ

次に経文《きょうもん》では十二因縁《じゅうにいんねん》の順観《じゅんかん》と逆観《ぎゃくかん》を挙《あ》げて(一)それらの存在を否定しておりますが、十二因縁を説くという点で、ここには縁覚乗《えんがくじょう》の教えが説かれている、と考えられます。「麟角《りんかく》」は伝説上の動物である麒麟《きりん》の角《つの》、つまりめずらしいもののこと、基本的には単独で修行する縁覚《えんがく》(独覚《どっかく》)を指《さ》しています。

次に経文に、苦《く》・集《じゅう》・滅《めつ》・道《どう》の四諦《したい》を空《くう》じている文（J）がありますが、これは苦《く》・空《くう》等の十六行相《ぎょうそう》の観門《かんもん》を行《ぎょう》ずる声聞乗《しょうもんじょう》が説かれていると考えられます。つまり、先《さき》の十二因縁と、この四諦《したい》とを合わせて、声聞乗と縁覚乗という、いわゆる二乗教《にじょうきょう》（小乗仏教・南方仏教）の修行と成果が含まれていると理解できます。さらに経の最後にある陀羅尼《だらに》（K）を総括《そうかつ》して、「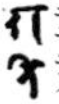《ギャテイ》」とは、あらゆる仏教の教えの行果《ぎょうか》（修行と成果）を含《ふく》んでおりますし、「《ハラソウ》」の二字には、顕教《けんぎょう》と密教《みっきょう》のあらゆる教えが含まれているといえましょう。

3　生きる力を得られる経典

以上のように、この経を誦《じゅ》す声と、この経を書写する字には、それぞれ深い意味が盛り込まれていて、あらゆる教えが含まれているとすれば、たとえどれほどこの経について語ってみたところで、とてもすべてを語《かた》り尽《つ》くせるものではありませんし、経名《きようみよう》や実義《じつぎ》について、たとえどれほどの数の仏陀が努力されたところで、極《きわ》め尽《つ》くすことなどできないほどでありま す。

このゆえに、この経典を読み、大切に保持《ほじ》し、講《こう》じ、供養《くよう》すれば、あらゆる人々がそれぞれの苦しみからのがれ、それぞれの楽《らく》を得《う》ることができますし、この経を常《つね》に学び考え続ければ、多くの人々が、それぞれの悟《さと》りを得て、生きる力を得ることができるのです。まさに般若心経こそ無上甚《むじようじん》深《じん》の法という形容がぴったり当てはまる経典であります。

五　質疑応答　いまこそ密教的意味を明かすとき

私（空海）は若い弟子を教えるついでに、『心経』の要点をまとめ、経《きょう》文《もん》を五つの部分に分けて解釈をしてみました。この経を解釈した人はこれまで多くおられますが、真言密教の立場から見たものはまだありません。漢訳もいろいろありますが、それらの比較《ひかく》及び顕教《けんぎょう》と密教《みっきょう》の対比《たいひ》などについては後《のち》に述《の》べることにいたします。

ある人がこういう質問をするかも知れません。法相宗《ほっそうしゅう》の三時教判《さんじきょうはん》からいえば、『阿含経《あごんぎょう》』は初時教《しょじきょう》、『般若経《はんにゃきょう》』は第二《だいに》時教《じきょう》で、これらはいずれも未《み》了義《りょうぎ》（不完全）な教えであり、『華厳経《けごんぎょう》』、『解深密経《げじんみつきょう》』などを中心とする唯識《ゆいしき》教学こそ、第三時教《だいさんじきょう》で顕了《けんりょう》の（完全な）教《おし》えだといいます。これからすれば、『心経《しんぎょう》』は第二《だいに》時《じ》の未了義《みりょうぎ》の教《おし》えなのだから、第三時《だいさんじ》の華厳《けごん》とか法相《ほっそう》の教《おし》えがここに含《ふく》まれている筈《はず》が無いではないか、と。

それに対して私はこう答えたいと思います。大日如来の説法すなわち真言密教では、一字の中にすべての教えが含まれており、一つの思いの中に、経《きょう》・律《りつ》・論《ろん》（三蔵《さんぞう》）のあらゆる教えを含んでいるくらい深くて広いのです。まして一部の経典、一品《いっぽん》の経文《きょうもん》ともなれば、どうして欠《か》け落《お》ちたものがありましょう。すべての教えが含まれているに違いないのです。

占《うらな》いに長《ちょう》じた人の目から見れば、亀《かめ》の甲《こう》の割《わ》れ目《め》や小さな算木《さんぎ》の並び方の中に、万象《ばんしょう》があらわれて、尽《つ》きることがありませんし、帝釈天《たいしゃくてん》の宮殿をとりまく珠玉《しゅぎょく》の網《あみ》には、重々帝網《じゅうじゅうたいもう》といわれるように一つの珠《たま》にすべての珠《たま》が映《は》え合《あ》って映《うつ》るといいます。帝釈《たいしゃく》の声論《しょうろん》という論書には、インドの伝説で、あらゆることが書かれ、網羅《もうら》されている、といわれるではないですか。これらを考え合わせますと、『心経』の中にあらゆる仏教の教えがすべて含まれているといっても、少しも不思議ではありません。

また次のような疑問をはさむものがあるかも知れません。もし『心経』にそのような深い意味が含まれているならば、これまでの学匠たちがなんでそのことを論じなかったのか、と。

この疑問に対してはこう答えましょう。すぐれた人（大日如来を指す）が人々を救済《きゆうさい》する場合、相手の機根《きこん》（志向《しこう》とか意向《いこう》）をよく観察し、それぞれに一番ぴったりした教えを説いて指導するものですし、賢明《けんめい》な人物は、時《とき》と人《ひと》とをよく考えて、ある時《とき》は説《と》き、ある時は黙《もく》するものなのです、と。

つまりこれまでは、密教の深い趣《おもむき》を理解できる人がいなかったので、『心経』の密教的意味が説かれていないのです。しかし、前来《ぜんらい》の学匠《がくしょう》たちがこの深旨《じんし》を述べなかったのは、言うべきであったのに言わなかったのか、言うべき時でなかったから言わなかったのか、私（空海）にはわかりません。もし私がここで『心経』の密教的意味を説くことが、まだ時機《じき》ではないと非難する人があるなら、私は甘《あま》んじて責《せ》めを受けましょう。

しかし私は、いまこそこれを説くべき時だと確信していますので、あえて説くことにいたします。どうかお許し願いたいと思います。

六　経題に託された意味

「仏説《ぶっせつ》摩訶《まか》般若《はんにゃ》波羅蜜多《はらみた》心経《しんぎょう》」という経題《きょうだい》は、梵語《ぼんご》と漢語《かんご》の二種《しゅ》がまじっています。説と心経の三文字《もじ》は漢字《かんじ》であり、他《た》の九字《じ》は梵語《ぼんご》の音写《おんしゃ》であります。

これを梵字《ぼんじ》で書《か》けば、

《ボダハシャマカハラジャハラミタカリダソタラン》

(Buddha bhāsa mahā prajñā pāramitā hṛdaya sūtraṃ)

となりましょう。最初《さいしょ》の二字《ボダ》は仏陀《ぶつだ》(Buddha)で円満覚者《えんまんかくしゃ》の意《い》、次《つぎ》の二字《ハシャ》は bhāsa で奥深《おくぶか》い趣《おもむき》を説《と》くの意《い》、次《つぎ》の二字《じ》《マカ》は mahā で大《だい》・多《た》・勝《しょう》の三義《ぎ》を含《ふく》む。次《つぎ》の二字《じ》《ハラジャ》は prajñā で智慧《ちえ》の意《い》、次《つぎ》の三字《じ》《ハラミ》

𑖝《タ》は pāramitā で彼岸《ひがん》に到《いた》る、すなわちなすべきことをなしおえる、という意《い》、次《つぎ》の二字《じ》は𑖮𑖴𑖟《カリダ》で hṛdaya 内心《ないしん》の意《い》、次《つぎ》の二字《じ》は𑖭𑖳《ソ》𑖝𑖿𑖨𑖽《タラン》で sūtram 経《きょう》の意《い》であります。

もしこの経題《きょうだい》を総括《そうかつ》して説《と》けば人《にん》・法《ぼう》・喩《ゆ》の三方面が含まれているといえます。すなわち、この経題は、大般若菩薩というかたのお心《こころ》の内容（内《ない》証《しょう》＝密教の法）を一般仏教のわかりやすいことばで（喩）説いておられるのです。

しかもこの密教の深旨《じんし》は、すでに釈尊がインドの鷲峯山《じゅぶせん》で、舎利弗《しゃりほつ》（釈《しゃく》尊《そん》の弟子、シャーリプトラの母親は、おうむのように美しかったといわれるところから舎利弗《しゃりほつ》は鷲子《じゅし》といわれた。――訳者注）等のために説かれたのであります。しかし弟子たちがそれを理解できなかったので直《ただ》ちには伝わらず、七世紀になってようやく広く弘《ひろ》まってきたのです。

七　さまざまな漢訳本

次に漢訳の諸本について述べましょう。第一に羅什三蔵《らじゅうさんぞう》の訳《やく》で、いま私（空海）が使っている本です。次に唐の玄奘《げんじょう》訳のものには、題に「仏説摩訶」の四字がありません。また「五蘊《ごうん》」の下に「等」の字を加え、「遠離《おんり》」の下の「一切」の字を抜いています。そして最後の部分のこの経の功徳の大なることを示す文は省《はぶ》かれています。

次に大周《だいしゅう》の義浄《ぎじょう》三蔵の訳は、題の「摩訶」の二字を省《はぶ》き、陀羅尼《だらに》の後に、功徳の大きいことを示す文（功能《くうのう》）が加わっています。

次に法月《ほうがち》三蔵と般若《はんにゃ》三蔵の訳には、はじめに序文があり、最後にこの経が未来にわたって広く普及《ふきゅう》するであろうことを述べた文が加えられています。

さらに、雑部《ぞうぶ》密教の経典として伝わっている『陀羅尼集経《だらにじつきょう》』の第三巻には、『心経』の陀羅尼《だらに》的展開が説かれてありますが、経題はここで私（空海）が用いている羅什三蔵《らじゅうさんぞう》の訳本と同一であります。

（現在わが国で読まれている心経は、玄奘《げんじょう》訳とほとんど同一である。むしろ羅什《らじゅう》訳は、「観自在菩薩」を「観世音菩薩」といったり、「五蘊《ごうん》」を「五陰《ごおん》」、「舎利子《しゃりし》」を「舎利弗《しゃりほつ》」といったりで、現行のものと大きく異《こと》なっている。恐らく空海の時代には、現行《げんこう》のものが羅什《らじゅう》訳として用いられていたのであろう。空海が用いていた心経は、現行のものと全く等しいのである。

——訳者注）

八　密教にとっての心経

要するに『般若心経』とは、「般若菩薩《はんにゃぼさつ》の心《こころ》の内容を説いた経」と理解するべきであります。そして般若菩薩には、他の諸尊も同じですが、それぞれ身陀羅尼《しんだらに》と心陀羅尼《しんだらに》とがあり、この経は、般若菩薩の心陀羅尼を説いた意義深い心咒《しんじゅ》（真言陀羅尼）なのであります。般若心《はんにゃしん》を説いた経とは、こうした意味なのであります。

ある人はこう問うでしょう。『心経』は、『大般若経《だいはんにゃきょう》』の心要《しんよう》を略《りゃく》し縮《ち》めた経の意である。だから『般若心経』と『大般若経』とは同じ意味の経典なのだ、と。私（空海）はこう答えましょう。

『般若心経』と『大般若経』の関係は、一見すれば経題が似ていますが、たとえていえば、蛇《へび》が成長し発達して竜《りゅう》に変化した際に、竜の身体に、かつて蛇であった時の鱗《うろこ》が一枚残っているようなもので、いまでは全く別のものになっているのです。竜《りゅう》に蛇《へび》の鱗《うろこ》が残っていたといって、これは竜ではない、蛇だというのはあやまりです。

それと同様に、『般若心経』と『大般若経』は、同じ「般若」の字がついているから同一だ、というのは当たっていないのです。『心経』はいまや密教経典であり曼荼羅《まんだら》に生まれかわっているのです。

九　心経を五つに分かつ　五分判釈

この『心経』は総じて五つの部分に分けられます。

第一は人法総通分《にんぼうそうつうぶん》、「観自在《かんじざい》」から「度《ど》一切苦厄《いっさいくやく》」までです。

第二に分別諸乗分《ふんべつしょじょうぶん》、「色不異空《しきふいくう》」から「無所得故《むしょとくこ》」までです。

第三に行人得益分《ぎょうにんとくやくぶん》、「菩提薩埵《ぼだいさった》」から「三藐三菩提《さんみゃくさんぼだい》」までがこれに相当します。

第四に総帰持明分《そうきじみょうぶん》、「故知般若《こちはんにゃ》」から「真実不虚《しんじつふこ》」までです。

第五に秘蔵真言分、「羯諦羯諦《ぎゃていぎゃてい》」から「娑婆訶《そわか》」までがそれです。

この五つの部分それぞれで、心経には仏教のあらゆる教理が含まれているという趣旨《しゅし》を説《と》いていこうと思います。

第一　人法総通分《にんぼうそうつうぶん》（さまざまな教え〈法〉とその修行者〈人〉を結括的に示す）

第一の人法総通分では五つのことが説かれております。因《いん》・行《ぎょう》・証《しょう》・入《にゅう》・時《じ》とおぼえて下さい。

経の冒頭《ぼうとう》の「観自在菩薩が」というのは、あらゆる教えの修行者すべての総称《そうしょう》であり、その修行者たちは本来仏性《ほんらいぶっしょう》を持っており、この心を持って発心《ほっしん》しているのであるから、これを「因《いん》」と称《しょう》するのであります。

次の「深般若波羅蜜多《じんはんにゃはらみた》を行《ぎょう》ぜし時《とき》」の部分は、仏教各宗派のそれぞれの修行の内容を示しています。教えを学ぶこと（能観《のうかん》）及び学ぶべき教え（所観《しょかん》）、これを総称して「行《ぎょう》」と呼びます。

次に「諸法《しょほう》は皆空《かいくう》なることを照見《しょうけん》して」は、各宗の修行者がそれぞれの教理を体得《たいとく》して証《しょう》することで、これを「証《しょう》」とします。

次に「一切苦厄《いっさいくやく》を度《ど》したまえり」は各宗の行者がそれぞれの目標を達成《たっせい》したことで「入《にゅう》」と称《しょう》します。

そしてこれらすべての修行者たちは、それぞれの教えにより理解によって、目的達成の時間が異《こと》なってきます。華厳《けごん》宗では三生成仏《さんしょうじょうぶつ》といい、法相《ほっそう》宗や三論《さんろん》宗では三劫《さんごう》成仏といい、声聞乗《しょうもんじょう》の六十劫《こう》、縁覚乗《えんがくじょう》の百劫などさまざまで、真言密教では即身成仏といって、時間を超越《ちょうえつ》してしまうのです。目的達成までの時間差も大切で、これを「時《じ》」としたのです。

（要するに、この一段――人法総通分――は、次のように理解する。すなわち、仏教各宗の修行者は、それぞれの修行を行じて、それぞれのめざす境地を証し、それぞれの功徳を得ることができる、そのために要する時間

も、長短いろいろである、と。——訳者注）

以上を頌《じゅ》にまとめます。

各宗の修行者は、それぞれの立場で智慧をみがき、それぞれの目標に達し、その時間も長短さまざまですが、それぞれの煩悩《ぼんのう》を乗り越えて、やがて広く大きい共通の仏心《ぶっしん》に帰着《きちゃく》していくのであります。

第二　分別諸乗分

（さまざまな仏教の教えの内容を理解しながら分析する）

次に第二、分別諸乗分《ふんべつしょじょうぶん》にも五つあります。建《こん》・絶《ぜつ》・相《そう》・二《に》・一《いち》の五つと覚《おぼ》えるのがよいでしょう。

はじめに「建《こん》」というのは、建立如来《こんりゅうにょらい》の心の内容という意味です。心経の「色不異空《しきふいくう》」から「亦復如是《やくぶにょぜ》」までの部分です。

建立如来とは、『理趣釈《りしゅしゃく》』によりますと普賢菩薩《ふげんぼさつ》の別名《べつめい》であります。「一切平等建立如来《いっさいびょうどうこんりゅうにょらい》とはこれ、普賢菩薩《ふげんぼさつ》の異名《いみょう》なり」とあります。また『大日経義釈《だいにちきょうぎしゃく》』には、「普賢菩薩《ふげんぼさつ》は大日如来《だいにちにょらい》の円因《えんいん》なり、しこうして仏《ほとけ》はこれ円因《えんいん》の果《か》なり」とありますし、しかも普賢《ふげん》の行願《ぎょうがん》というように、普賢《ふげん》は、大日《だいにち》の菩提心《ぼだいしん》の行願《ぎょうがん》をあらわす尊《そん》なのです。そして華厳宗《けごんしゅう》では普賢菩薩《ふげんぼさつ》のお心《こころ》を大切《たいせつ》にしていますから、華厳宗《けごんしゅう》でいう法界縁起《ほっかいえんぎ》で円融三法《えんゆうさんぽう》の教理《きょうり》の事事無礙法界《じじむげほっかい》の極地《きょくち》を示《しめ》しているのです。

「色即是空《しきそくぜくう》」という、二《ふた》つの物《もの》を「即《そく》」で結《むす》びつける表現《ひょうげん》は、法界縁起《ほっかいえんぎ》の「一即一切《いちそくいっさい》、一切即一《いっさいそくいつ》」の重重無尽縁起《じゅうじゅうむじんえんぎ》にほかならないわけで、この部分《ぶぶん》は、華厳宗《けごんしゅう》の極地《きょくち》が説《と》かれており、それはとりもなおさず普賢菩薩《ふげんぼさつ》の内《ない》証《しょう》であり、建立如来《こんりゅうにょらい》の内証《ないしょう》であるわけです。これを頌《じゅ》であらわします。

色即是空《しきそくぜくう》というように、色《しき》と空《くう》とは元来同一《がんらいどういつ》だという経《きょう》の文《もん》は、事《じ》と理《り》とは同一《どういつ》だとする華厳宗《けごんしゅう》の事事無礙《じじむげ》法界《ほっかい》の法界縁起《ほっかいえんぎ》を指《さ》しているのです。

素材《そざい》である金《きん》と、金《きん》で造《つく》られた獅子《しし》の像《ぞう》の関係《かんけい》、あるいは水《みず》と、その水《みず》の変化《へんか》した姿《すがた》である波《なみ》との同一性《どういっせい》で示《しめ》される華厳宗《けごんしゅう》の教理《きょうり》そのものであります。

第二に「絶《ぜつ》」というのは無戯論如来《むけろんにょらい》の内心《ないしん》の境界《きょうがい》をあらわしています。経文《きょうもん》の「是諸法空相《ぜしょほうくうそう》」から「不増不減《ふぞうふげん》」までがそれに該当《がいとう》します。

前出《ぜんしゆつ》の『理趣釈《りしゆしやく》』に「一切無戯論如来《いつさいむけろんにょらい》とは文殊菩薩《もんじゆぼさつ》の異名《いみよう》なり」とありますから、これは文殊菩薩《もんじゆぼさつ》の境地《きようち》だといえます。経文《きようもん》の「不生不滅《ふしようふめつ》、不垢《ふく》不浄《ふじよう》、不《ふ》増《ぞう》不《ふ》減《げん》」の六不《ろつぷ》の部分《ぶぶん》は、文殊菩薩《もんじゆぼさつ》の利剣《りけん》によって八不中道《はつぷちゆうどう》を得《え》る、という三論宗《さんろんしゆう》の教《おし》えそのものだ、といえます。これを頌《じゆ》で示します。

不常不断《ふじようふだん》、不生不滅《ふしようふめつ》、不一不異《ふいつふい》、不去不来《ふこふらい》の八不《はつぷ》を修行《しゆぎよう》することによって、さまざまの間違《まちが》った見解《けんかい》を絶《た》ち切《き》る、というのが文殊《もんじゆ》の悟《さと》りの境地《きようち》です。

これこそ、相待空《そうたいくう》の域《いき》をはるかに超《こ》えた絶待空《ぜつたいくう》、独空《どくくう》、畢竟空《ひつきようくう》の領域《りよういき》であって、言語《ことば》ではとうてい表《あら》わすことのできない深《ふか》い意《い》味《み》が込《こ》められています。これこそ三論宗《さんろんしゆう》の教《おし》えなのです。

第三に「相《そう》」というのは、摩訶梅多羅冒地薩怛嚩《まかばいたらぼうじさとば》すなわち弥勒菩薩《みろくぼさつ》の心境《しんきょう》です。経文《きょうもん》の「是故空中無色」から「無意識界」までがこれに相当《そうとう》します。

弥勒菩薩《みろくぼさつ》の大慈悲《だいじひ》のお心《こころ》は、人々《ひとびと》の苦《くる》しみを解消《かいしょう》し、安楽《あんらく》な気持《きもち》を与《あた》えることを本旨《ほんし》とし、因果《いんが》の道理《どうり》を示《しめ》して教《おし》えさとされ、相《そう》（姿《すがた》）と性《しょう》（性質《せいしつ》）とを対比《たいひ》させ、現象《げんしょう》は心《こころ》の投影《とうえい》だと断《だん》じ、現実世界《げんじつせかい》を仮有《けう》とみなして、実在《じつざい》するのは唯識《ただしき》のみなりと主張《しゅちょう》するのです。

境《きょう》（対象《たいしょう》）はすべて識《しき》の投影《とうえい》とみる法相宗《ほっそうしゅう》の教理《きょうり》は、まさに六識《ろくしき》を扱《あつか》う経《ぎょう》のこの部分《ぶぶん》そのものといえるのです。これを頌《じゅ》で示します。

人《にん》と法《ほう》との二《ふた》つが実在《じつざい》するという迷《まよ》いをすて去《さ》って人無我《にんむが》、法《ほう》無我《むが》の大乗《だいじょう》の立場《たちば》に立《た》ち、三阿僧祇《さんあそうぎ》という長時間《ちょうじかん》をかけて法身《ほっしん》を証《しょう》するというのが法相宗《ほっそうしゅう》です。

心外《しんげ》の法《ほう》は有《う》にあらず、第八《だいはち》アーラヤ識《しき》の投影《とうえい》であり、あくまで幻影《げんよう》であって実在《じつざい》するものではなく、主《しゅ》ではなく賓《ひん》（客）というべきものなのです。

『心経《しんぎょう》』のこの識界《しきかい》を説《と》く部分《ぶぶん》は、まさに法相宗《ほっそうしゅう》の教理《きょうり》に相当《そうとう》します。

第四《だいよん》に「二《に》」というのは、十住心《じゅうじゅうしん》で言《い》えば唯蘊無我心《ゆいうんむがしん》と抜業因種心《ばつごういんじゅしん》の二《ふた》つで、声聞乗《しょうもんじょう》と縁覚乗《えんがくじょう》つまり二乗教《にじょうきょう》（小乗《しょうじょう》仏教《ぶっきょう》あるいは南方仏教《なんぽう》）の教理《きょうり》のことです。経文《きょうもん》の「無無明」から「無老死尽」は、十二因縁《じゅうにいんねん》の順観《じゅんかん》と逆《ぎゃく》観《かん》が示《しめ》されていますから、これは縁覚乗《えんがくじょう》の教《おし》えと見《み》ることができます。頌《じゅ》にまとめると、次のようになります。

縁覚乗《えんがくじょう》の人々《ひとびと》は、飛華落葉《ひけらくよう》を観察《かんさつ》することによって、無常《むじょう》の法《ほう》、因縁《いんねん》の法《ほう》を知《し》りますし、また長《なが》い時間《じかん》をかけて人生《じんせい》が流転《るてん》・輪廻《りんね》していることを悟《さと》るのです。

そして、花《はな》の露《つゆ》がたちまちに消《き》え去《さ》るのを見《み》て、生死《しょうじ》の無常《むじょう》なることをいとい、花《はな》すらたちまちに散《ち》り去《さ》るのを見《み》て、煩悩《ぼんのう》の種《しゅ》子《じ》を除《のぞ》くのです。

『法華経《ほっけきょう》』に説《と》かれる三車《さんしゃ》のたとえでいえば、羊車《ようしゃ》（声聞乗《しょうもんじょう》）鹿《ろく》車《しゃ》（縁覚乗《えんがくじょう》）に相当《そうとう》する教《おし》えで、これらが二乗教《にじょうきょう》（小乗《しょうじょう》仏教《ぶっきょう》）といわれる教《おし》えです。

次《つぎ》の「無苦集滅道」の一句《いっく》五字《ごじ》は、仏陀釈尊《ぶっだしゃくそん》の声《こえ》を聞《き》いて、因縁《いんねん》の法《ほう》を

覚《さと》るという声聞乗《しょうもんじょう》の教《おし》えを説《と》いています。いわゆる四諦《したい》の法門《ほうもん》は、声聞《しょうもん》乗《じょう》の教《おし》えなのです。これを頌《じゅ》にまとめると、

白骨相《びゃっこつそう》や青瘀相《しょうおそう》（死体《したい》が青《あお》くふくれるさま）を観察《かんさつ》して人《ひと》はだれでも死《し》ねばそうなると思《おも》えば、人我《にんが》（人間《にんげん》の実体性《じったいせい》）の実在《じつざい》などとても考《かんが》えられません。

常《つね》に身《しん》・受《じゅ》・心《しん》・法《ぼう》の四念《しねん》を想《おも》い、身《み》の不浄《ふじょう》、そして苦《く》、無常《むじょう》、無我《むが》を覚《さと》り、ひたすらに阿羅漢《あらかん》（聖者《せいじゃ》）の果《か》を求《もと》めようとすれば、阿羅漢《あらかん》は何《なに》も憂《うれ》うこと無《な》く、大喜《おおよろこ》びをするでしょう。

第五に「一《いち》」というのは、アーリヤヴァロキティ・ボウディサットヴァ、すなわち観自在菩薩《かんじざいぼさつ》の悟《さと》りの境界《きょうがい》を示しています。経文《きょうもん》の「無智亦無得、

以無所得故」の十文字《じゅうもじ》がそれで、『理趣釈《りしゅしゃく》』によれば、観自在菩薩《かんじざいぼさつ》は得自《とくじ》性清浄如来《しょうしょうじょうにょらい》の異名《いみょう》で、手《て》に蓮華《れんげ》を執《と》って一切衆生《いっさいしゅじょう》の身中《しんちゅう》の本来清浄《ほんらいしょうじょう》の理《り》を表《あら》わしており、その理《り》を衆生《しゅじょう》に示《しめ》して、一切《いっさい》の苦厄《くやく》を抜《ぬ》いて下《くだ》さるのです。悟《さと》りに到達《とうたつ》すべき主体《しゅたい》も、そこで証《しょう》されるべき悟《さと》りも渾然一体《こんぜんいったい》となり、修行者《しゅぎょうしゃ》も教理《きょうり》も一体《いったい》であり、理智不二《りちふに》ということから、この心境《しんきょう》を「一《いち》」と名《な》づけたのであります。

三論《さんろん》宗の嘉祥大師《かじょうだいし》吉蔵《きちぞう》のいう三法輪《さんぼうりん》でいえば、枝葉《しよう》の三乗教《さんじょうきょう》を合《あ》わせて根本《こんぽん》の一仏乗《いちぶつじょう》に帰着《きちゃく》せしめる、いわゆる摂末帰本《しょうまつきほん》の教《おし》え、たとえば天台《てんだい》宗《しゅう》などの教《おし》えは、みなこの十文字《じゅうもじ》の中《なか》に含《ふく》まれております。

しかし、それぞれの教《おし》えの違《ちが》い、浅深《せんじん》は十分《じゅうぶん》にこれを確認《かくにん》しておく必要《ひつよう》があります。これを頌《じゅ》にまとめますと、美《うつく》しい蓮《はす》の花《はな》を見《み》ては、自《じ》心《しん》の中《なか》にこのような美《うつく》しい仏心《ぶっしん》が本《ほん》来《らい》そなわっているのだと思い、その蓮《はす》の実《み》を見《み》ては、自《じ》心《しん》の中《なか》にすでに蓮《はす》の実《み》のように仏徳《ぶっとく》がそなわっていることに気づきます。こうした清浄《しょうじょう》でひたむきな心《こころ》で修行《しゅぎょう》すれば、行者《ぎょうじゃ》と教《おし》えとは一《いっ》体《たい》となり、主体《しゅたい》も客体《きゃくたい》も一《ひと》つとなる、これこそ法華経《ほけきょう》に説かれる、方便《ほうべん》の三乗《さんじょう》教《きょう》を超《こ》えた法華《ほっけ》一乗《いちじょう》の教《おし》えとなるのであります。

（以上で建《こん》・絶《ぜつ》・相《そう》・二《に》・一《いち》の説明《せつめい》を終《お》わります。――訳者注）

第三　行人得益分

（さまざまな修行と修行者を分類する）

第三《だいさん》の行人得益分《ぎょうにんとくやくぶん》は二《ふた》つの部分《ぶぶん》に分《わ》けて理解《りかい》します。人《にん》と法《ほう》です。人《にん》とは行人《ぎょうにん》のことでこれまでに説《と》いてきたように合計七種《ごうけいななしゅ》に分《わ》けられ、前《まえ》の六《ろく》種《しゅ》は顕教《けんぎょう》の行人《ぎょうにん》、最後《さいご》の一種《いっしゅ》は密教《みっきょう》の行人《ぎょうにん》を意味《いみ》します。仏教《ぶっきょう》の教《おし》えがそれぞれ異《こと》なるに随《したが》ってそれを行《ぎょう》ずる菩薩《ぼさつ》（修行者《しゅぎょうしゃ》）もまた異《こと》なってきます。『大日経疏《だいにちきょうしょ》』ではこれを四種《よんしゅ》に分類《ぶんるい》しています。その一字《いちじ》ずつを採《と》って愚《ぐ》・識《しき》・金《こん》・智《ち》と覚《おぼ》えるのがいいでしょう。

「行人得益分《ぎょうにんとくやくぶん》」は経文《きょうもん》では「菩提薩埵《ぼだいさった》」から「三藐三菩提《さんみゃくさんぼだい》」までをいいます。

行人《ぎょうにん》の七種《ななしゅ》とは、声聞乗《しょうもんじょう》、縁覚乗《えんがくじょう》、法相宗《ほっそうしゅう》、三論宗《さんろんしゅう》、天台宗《てんだいしゅう》、華厳宗《けごんしゅう》、真言密教《しんごんみっきょう》の七宗《しちしゅう》の修行者《しゅぎょうしゃ》のことで、前六《まえむっ》つは顕教《けんぎょう》、後《のち》の一《ひと》つが密教《みっきょう》です。

また、菩薩《ぼさつ》の分類《ぶんるい》はいろいろですが、先述《せんじゅつ》した『大日経疏《だいにちきょうしょ》』には、「愚《ぐ》（愚童薩埵《ぐどうさつた》、六道《ろくどう》を輪廻《りんね》する凡夫《ぼんぷ》）」、「識《しき》（『大日経疏《だいにちきょうしょ》』では有識《うしき》薩埵、識性《しきしょう》は二《に》乗《じょう》、分《ぶん》に——部分的《ぶぶんてき》に——涅槃《ねはん》の性《しょう》を識知《しきち》するが故《ゆえ》にかく言《い》う、とある）」、「金《こん》

（金剛薩埵《こんごうさった》、真言密教《しんごんみっきょう》の修行者《しゅぎょうしゃ》のこと）」、「智《ち》（智薩埵《ちさった》、大乗教《だいじょうきょう》の菩薩《ぼさつ》の総称《そうしょう》）」の四種《よんしゅ》に分類《ぶんるい》していますが、経文《きょうもん》の「菩提薩埵《ぼだいさった》」にはこれらすべての行人《ぎょうにん》が含《ふく》まれているのであります。

人《にん》の次は法《ほう》ですが、経文《きょうもん》では、「菩提薩埵《ぼだいさった》は般若波羅蜜多《はんにやはらみた》に依《よ》るが故《ゆえ》に、心《こころ》に罣礙《けいげ》無く、罣礙《けいげ》無きが故《ゆえ》に恐怖《くふ》あること無く、一切《いっさい》の顛倒夢想《てんどうむそう》を遠離《おんり》して究竟涅槃《くきょうねはん》せん。三世《さんぜ》の諸仏《しょぶつ》は般若波羅蜜多《はんにやはらみた》に依《よ》るが故《ゆえ》に、阿耨多羅三《あのくたらさん》藐三菩提《みゃくさんぼだい》を得《え》たまえり」ですから、「般若波羅蜜多《はんにやはらみた》」以下《いか》を、第一《だいいち》の「人《にん》法総通分《ぼうそうつうぶん》」の場合《ばあい》と同《おな》じように、この場合《ばあい》も、因《いん》・行《ぎょう》・証《しょう》・入《にゅう》の四《よ》つに分《わ》けて考《かんが》えます。

まず「般若波羅蜜多《はんにやはらみた》に依《よ》る」は仏教各宗《ぶっきょうかくしゅう》（七宗《しちしゅう》に代表《だいひょう》される）の覚《さと》りへの因《いん》となる発心《ほっしん》と各種《かくしゅ》の修行《しゅぎょう》を指《さ》します。次《つぎ》の「心《こころ》に罣礙《けげ》無く、顛倒《てんどう》を遠《おん》離《り》する」は各宗《かくしゅう》それぞれの入涅槃《にゅうねはん》、つまり修行《しゅぎょう》の目的達成《もくてきたっせい》を示《しめ》し、「無上《むじょう》正等菩提《しょうとうぼだい》を得《う》る」は、証果《しょうか》、すなわち覚《さと》りを得《う》るという意味《いみ》であります。要《よう》するに経《きょう》のこの一段《いちだん》も、前段《ぜんだん》と同《おな》じく、仏教各宗《ぶっきょうかくしゅう》の因《いん》・行《ぎょう》・証《しょう》・入《にゅう》がすべて含《ふく》まれている、とみることができます。これを頌《じゅ》に示《しめ》しますと、

修行者《しゅぎょうしゃ》は七宗《しちしゅう》の七種《ななしゅ》に代表《だいひょう》され、各宗《かくしゅう》の内容《ないよう》（因《いん》・行《ぎょう》・証《しょう》・入《にゅう》）は四種《よんしゅ》に分《わ》けられるのです。

このように考《かんが》えれば、仏教《ぶっきょう》の各種《かくしゅ》の悟《さと》りの心境《しんきょう》も内容《ないよう》も、各種《かくしゅ》の教《おし》えもその依《よ》りどころも一切合切《いっさいがっさい》がこの経《きょう》に説《と》きつくされており、漏《も》れるものは一《ひと》つとして無《な》いのであります。欠《か》けているもののあろう筈《はず》はありません。

第四　総帰持明分

（呪といわれるものの名称、本質、作用を分類）

第四の総帰持明分《そうきじみょうぶん》にはまた三《みっ》つの意味《いみ》が説《と》かれています。名称《めいしょう》と本質《ほんしつ》と作用《さよう》の三《みっ》つです。経文《きょうもん》の「大神呪《だいじんしゅ》」「大明呪《だいみょうしゅ》」「無上呪《むじょうしゅ》」「無《む》等等呪《とうどうしゅ》」は四《よん》種《しゅ》の真言《しんごん》の名称《めいしょう》をあらわし、「真実《しんじつ》にして虚《こ》ならず」は各種《かくしゅ》の真言《しんごん》の本質《ほんしつ》を示《しめ》し、「能《よ》く一切《いっさい》の苦《く》を除《のぞ》く」は真言《しんごん》の作用《さよう》を顕《あら》わしています。

名称《めいしょう》を挙《あ》げている中《なか》で、初《はじ》めの「大神呪《だいじんしゅ》」は声聞乗《しょうもんじょう》の真言《しんごん》、次《つぎ》の「大明《だいみょう》呪《しゅ》」は縁覚乗《えんがくじょう》の真言《しんごん》、第三《だいさん》の「無上呪《むじょうしゅ》」は大乗諸教《だいじょうしょきょう》の真言《しんごん》、そして最後《さいご》の「無《む》等等呪《とうどうしゅ》」は真言密教《しんごんみっきょう》の真言《しんごん》を意味《いみ》しております。もし一般的《いっぱんてき》に言《い》いますと、この四《よっ》つの真言《しんごん》はそれぞれが四種《よんしゅ》の真言《しんごん》を意味《いみ》し内含《ないがん》していると言《い》えるのですが、いまは略《りゃく》して単純《たんじゅん》に四種《よんしゅ》を一《ひと》つずつに当《あ》てて説明《せつめい》したまでです。賢明《けんめい》な各位《かくい》は、この意味《いみ》（この四《よっ》つの一《いち》、一《いち》に他の三《みっ》つが含《ふく》まれていること）を読《よ》み取《と》って欲《ほ》しいと思《おも》います。これを頌《じゅ》にまとめますと、

ひとくちに陀羅尼《だらに》といってもさまざまな文義《もんぎ》が込《こ》められています。だから総持《そうじ》というのです。さらに小乗《しょうじょう》・大乗《だいじょう》・密教《みっきょう》で用《もち》いられる明咒《みょうしゅ》も、広《ひろ》く言《い》えばみな持明《じみょう》であり陀羅尼《だらに》であり真言《しんごん》だといえるのです。

いかなる明咒《みょうしゅ》にも同様《どうよう》にあらゆる教《おし》えが内含《ないがん》されておりまして、各自《かくじ》が求《もと》めている仏陀《ぶつだ》の声《こえ》と文字《もじ》とが含《ふく》まれ、それぞれの修行《しゅぎょう》者《しゃ》と教《おし》えと仏陀《ぶつだ》が含《ふく》まれているのです。

第五　秘蔵真言分

（仏教のさまざまな教えに真言がある）

いよいよ五分判釈《ごぶんはんじやく》の最後《さいご》の第五秘蔵真言分《だいごひぞうしんごんぶん》であります。これをさらに五《いつ》つに分《わ》けて説明《せつめい》いたします。

はじめの「ギャテイ」は声聞乗《しょうもんじょう》の人々《ひとびと》の修行《しゅぎょう》と成果《せいか》をあらわし、第二《だいに》の「ギャテイ」は縁覚乗《えんがくじょう》の人々《ひとびと》の修行《しゅぎょう》と成果《せいか》をあらわし、第三《だいさん》の「ハーラギャテイ」は大乗仏教《だいじょうぶっきょう》の諸宗《しょしゅう》の修行《しゅぎょう》及《およ》び成果《せいか》を含《ふく》みます。そして第四《だいよん》の「ハラソウギャテイ」は真言密教《しんごんみっきょう》の行果《ぎょうか》を含《ふく》んでいますから、以上《いじょう》でこの部分《ぶぶん》にもまた小乗《しょうじょう》、大乗《だいじょう》、密教《みっきょう》のすべてが含《ふく》まれ尽《つ》くしていると解釈《かいしゃく》できるのです。

最後《さいご》の「ボウジソワカ」は仏教各宗各派《ぶっきょうかくしゅうかくは》のそれぞれの目的《もくてき》が達成《たっせい》されたという意味《いみ》が入《はい》っているのです。

句々《くく》の大略《たいりゃく》を言《い》ってもこのような広大《こうだい》な意味《いみ》を含《ふく》んでいますが、さらに詳細《しょうさい》に一《ひと》つ一《ひと》つの字《じ》の意味《いみ》やそれらの奥《おく》に含《ふく》まれている深《ふか》い内容《ないよう》まで追《つい》求《きゅう》して考《かんが》えれば、無数《むすう》の人格《じんかく》、無量《むりょう》の教《おし》えが含《ふく》まれていまして、それらまで述《の》べるとならば、いかなる長《なが》い時間《じかん》をかけても語《かた》り尽《つ》くせないほどなのです。さらに深《ふか》く知《し》りたい人々《ひとびと》は、教《おし》えに従《したが》って探究《たんきゅう》するがよいでしょう。

以上を頌《じゅ》にまとめます。

真言《しんごん》ダラニとは何《なん》と不可思議《ふかしぎ》なものでしょう。これを誦《とな》えるだけで、無始以来人間《むしいらいにんげん》が持《も》っている無知《むち》から、解放《かいほう》されるのです。

一《ひと》つの文字《もじ》に一千《いっせん》もの教《おし》えが含《ふく》まれている、といえますし、煩《ぼん》悩《のう》を持《も》ったままのこの身体《しんたい》で、大日如来《だいにちにょらい》の世界《せかい》に生《い》きることができますし、すべてのものの原点《げんてん》にたどり着《つ》けるのです。

そう考《かんが》えますと、この世《よ》のことはあくまで仮《かり》の宿《やど》の如《ごと》きもので、法身大日如来《ほっしんだいにちにょらい》の実在《じつざい》を知《し》りさえすれば、自心《じしん》のいまの状態《じょうたい》で、最《もっと》も確実《かくじつ》な悟《さと》りの境地《きょうち》に居《い》ることがわかるのです。法身大日《ほっしんだいにち》と共《とも》にある自分《じぶん》こそ間違《まちが》いなく人間本来《にんげんほんらい》の面目《めんもく》に到達《とうたつ》しているのであります。

十　質疑応答　心経は密教経典である

ある人《ひと》はこう問《と》うかも知《し》れません。真言陀羅尼《しんごんだらに》というものは、如来《にょらい》（仏陀《ぶつだ》）だけしか用《もち》いない秘密《ひみつ》のことばなのだから、古くから学者《がくしゃ》や注釈家《ちゅうしゃくか》がたは、陀羅尼《だらに》について解説《かいせつ》したり説明《せつめい》したりしていない、しかるにいまこのような注釈書《ちゅうしゃくしょ》（『秘鍵《ひけん》』を指《さ》す）を作《つく》るのは、如来《にょらい》のお気持《きもち》に背《そむ》くことになるのでは、と。

この疑問《ぎもん》に私《わたくし》（空海《くうかい》）はこう答《こた》えましょう。如来《にょらい》が説《と》かれる教《おし》えには二《に》種類《しゅるい》あります。顕教《けんぎょう》と密教《みっきょう》の二《ふた》つです。このうち顕教《けんぎょう》に合《あ》う機根《きこん》（能力《のうりょく》あるいは志向《しこう》）の人々《ひとびと》には、大日如来《だいにちにょらい》は、詳《くわ》しい説明《せつめい》や長《なが》い解説《かいせつ》を用《もち》いて教《おし》えられ、したがって顕教《けんぎょう》では、ある所《ところ》までしか伝《つた》えられない限界《げんかい》があるのです。

一方《いっぽう》、密教《みっきょう》が理解《りかい》できるような機根《きこん》の人々《ひとびと》に対《たい》しては、一字《いちじ》に千理《せんり》を含《ふく》むというような陀羅尼《だらに》（総持《そうじ》）を用《もち》いて法《ほう》を説《と》かれるのです。

でありますから、『大日経《だいにちきょう》』などでは、大日如来《だいにちにょらい》おんみずから阿字《あじ》とか奄字《おんじ》などの字義《じぎ》を用《もち》いておられまして、こうした深《ふか》い趣《おもむき》を含《ふく》む陀羅尼《だらに》は、密教《みっきょう》の機根《きこん》の持《も》ち主《ぬし》には大《おお》いに役立《やくだ》つのです。

（一《いち》を聞《き》いて十《じゅう》を知《し》る者《もの》と、三《さん》しか知《し》ることができない者《もの》との差異《さい》は仕方《しかた》の無《な》いことで、しかも一般的《いっぱんてき》に言《い》う頭《あたま》の良《よ》し悪《あ》しとは全《まった》く違《ちが》うので、いわば心《こころ》の深《ふか》さとでもいうべき差異《さい》ですから注意《ちゅうい》して下《くだ》さい。――訳者注）

『菩提心論《ぼだいしんろん》』の作者《さくしゃ》と伝《つた》えられる竜猛菩薩《りゅうみょうぼさつ》も、『大日経《だいにちきょう》』の伝訳者《でんやくしゃ》、善無《ぜんむ》畏三蔵《いさんぞう》も、さらに『金剛頂経《こんごうちょうきょう》』系統《けいとう》の伝訳者《でんやくしゃ》、不空三蔵《ふくうさんぞう》も皆同《みなおな》じように陀羅尼《だらに》を説《と》き、如来《にょらい》の秘密語《ひみつご》によって密教《みっきょう》を解説《かいせつ》しています。

したがって、陀羅尼《だらに》を解説《かいせつ》するかしないかは、相手《あいて》の理解《りかい》次第《しだい》で決《き》めることであって、ある時《とき》は説《と》き、ある時《とき》は説《と》かないで一向《いっこう》に差《さ》しつかえないと思《おも》われます。いずれの場合《ばあい》も大日如来《だいにちにょらい》のお心《こころ》にかなっているといえましょう。

また、次《つぎ》のような疑問《ぎもん》を持《も》つ人《ひと》があるでしょう。顕教《けんぎょう》と密教《みっきょう》とは趣旨《しゅし》が全《まった》くかけ離《はな》れているとすれば、いまこの『心経《しんぎょう》』のような、いわゆる顕《けん》教《ぎょう》の経典《きょうてん》の文中《ぶんちゅう》に、密教《みっきょう》の深旨《じんし》が説《と》かれているなどとする解釈《かいしゃく》は、不可能《ふかのう》のはずではないか、と。

それに対《たい》して私《わたくし》はこう答《こた》えましょう。医道《いどう》にすぐれて詳《くわ》しい医師《いし》が見《み》れば、一般《いっぱん》の人《ひと》ではわからない道端《みちばた》の一草《いっそう》でも、それがなにに効《き》く薬草《やくそう》であるかが見通《みとお》せるし、宝石《ほうせき》に詳《くわ》しい人《ひと》は、他《た》の者《もの》が気《き》づかない鉱石《こうせき》の中《なか》に、貴重《きちょう》な宝石《ほうせき》がうもれていることが知《し》れるのであります。

このように、深《ふか》い趣旨《しゆし》に気《き》づくか気《き》づかないかは、誰《だれ》のせいでもない、その人《ひと》の眼力《がんりき》に依《よ》るのであります。『心経《しんぎよう》』に密教的深旨《みつきようてきじんし》が含《ふく》まれているというには、見《み》る人《ひと》がいわゆる密教眼《みつきようげん》を持《も》つことが大切《たいせつ》なのです。

またこの大日如来《だいにちにょらい》の真言《しんごん》や修法《しゆほう》の次第《しだい》、観想《かんそう》の方法《ほうほう》などは『金剛頂経《こんごうちようぎよう》』の中《なか》に説《と》かれており、これらは秘中《ひちゆう》の秘《ひ》というべきものであります。

真言密教《しんごんみつきよう》からいえば、釈尊《しやくそん》は大日如来《だいにちにょらい》の身《み》を変《か》えた姿《すがた》（応化身《おうけしん》）でありますが、その釈尊《しやくそん》も、かってジェータ林《りん》におられた時《とき》に、諸菩薩《しよぼさつ》や天人《てんにん》たちのために、仏像《ぶつぞう》を画《えが》いたり、壇《だん》を作《つく》って修法《しゆほう》したり、真言《しんごん》を誦《とな》えたり、手《て》に印《いん》を結《むす》んだりしたことが『陀羅尼集経《だらにじつきよう》』という雑部密教《ぞうぶみつきよう》の経典《きようてん》の第《だい》三巻《かん》に説《と》いてありますが、これらは釈尊《しやくそん》の御事跡《ごじせき》の中《なか》では秘密《ひみつ》に属《ぞく》すべきことがらでありましょう。このように一口《ひとくち》に秘密《ひみつ》といってもいろいろの程度《ていど》があるのです。

つまり顕教《けんぎょう》か密教《みっきょう》かの判別《はんべつ》は、それを見《み》る人《ひと》の眼力《がんりき》で決《き》まるものなのであって、ことばじりや文字《もじ》づらで決《き》まるものではないのです。顕教《けんぎょう》の中《なか》にも秘密《ひみつ》というべきものもありますし、秘中《ひちゅう》の極秘《ごくひ》ともいうべき密教《みっきょう》もある、という具合《ぐあい》で、秘密《ひみつ》にもいろいろあることも知《し》っておかねばなりません。

十一　結語　この深い醍醐味

以上《いじょう》、私《わたし》は真言密教《しんごんみっきょう》の眼《め》をもって、『般若心経《はんにゃしんぎょう》』の五分判釈《ごぶんはんじやく》の大略《たいりやく》を述《の》べてまいりました。

その結果《けっか》この経典《きょうてん》は一字《いちじ》一句《いっく》が法界《ほっかい》に遍満《へんまん》しており、その内容《ないよう》は過去《かこ》、現在《げんざい》、未来《みらい》の三世《さんぜ》を貫《つらぬ》いて妥当《だとう》するものであり、私《わたし》たちの心《こころ》の隈々《すみずみ》にまで行《ゆ》きわたっていることがわかったのです。しかし、残念《ざんねん》ながら多《おお》くの人々《ひとびと》はこの重大《じゅうだい》さに気《き》づかないでいるのです。

そうではありますが、文殊《もんじゅ》、般若《はんにゃ》の二菩薩は、この経《きょう》のそうした深《ふか》い意《い》義《ぎ》をよく説《と》いてくれております。

甘露《かんろ》にもたとえられるべきこの深《ふか》い醍醐味《だいごみ》を、迷《まよ》える衆生《しゅじょう》にそそいで利《り》益《やく》し救済《きゅうさい》し、無始《むし》以来《いらい》所有《しょゆう》する無知《むち》を断《た》ち切《き》って、正《ただ》しい見方《みかた》を邪魔《じゃま》する魔軍《まぐん》を撃破《げきは》していかねばならないと切《せつ》に思《おも》うものであります。

——了——

般若心経秘鍵〔原文　訓み下し〕

＊『般若心経秘鍵』は、真言宗では読誦経典〈普段唱えるお経〉であるため、その訓み癖を生かした表記によった。

○般若心経秘鍵《はんにやしんぎようひけん》　序幷《じよあわ》せたり

遍照金剛《へんじようこんごう》撰《せん》

一

文殊《もんじゆ》の利剣《りけん》は《(な)》諸戯《しよけ》を絶《た》つ
覚母《かくも》の梵文《ぼんもん》は《(な)》調御《じようご》の師《し》なり
《ヂクマン》の真言《しんごん》を《(の)》種子《しゆじ》とす
諸教《しよきよう》を含蔵《がんぞう》せる陀羅尼《だらに》なり
無辺《むへん》の生死《しようじ》何《いか》んが能《よ》く断《た》つ

唯《ただ》禅那《ぜんな》正思惟《しょうしゆい》のみ有《あ》ってす
尊者《そんじゃ》の三摩《さんま》は仁譲《にんゆず》らず
我今讃述《われいまさんじゅつ》す哀悲《あいひ》を垂《た》れたまえ

二

夫《そ》れ仏法《ぶっぽう》遥《はる》かに非《あら》ず、心中《しんじゅう》にして即《すなわ》ち近《ちか》し。真如《しんにょ》外《ほか》に非《あら》ず、身《み》を棄《す》てて何《いず》くんか求《もと》めん。迷悟《めいご》我《われ》に在《あ》れば、発心《ほっしん》すれば即《すなわ》ち到《いた》る。明暗《みょうあん》他《た》に非《あら》ざれば、信修《しんしゅ》すれば忽《たちま》ちに証《しょう》す。哀《あわ》れなる哉《かな》、哀《あわ》れなる哉《かな》、長眠《じょうめん》の子《し》。苦《くる》しい哉《かな》、痛《いた》ましい哉《かな》、狂酔《きょうすい》の人《にん》。痛狂《つうきょう》は酔《え》わざるを笑《わら》い、酷睡《こくすい》は覚者《かくしゃ》を嘲《あざ》ける。曾《か》つて医王《いおう》の薬《くすり》を訪《とぶ》らわずんば、何《いず》れの時《とき》にか大日《だいにち》の光《ひかり》を見《み》ん。

三

翳障《えいしょう》の軽重《きょうじゅう》、覚悟《かくご》の遅速《ちそく》のごときに至《いた》っては、機根不同《きこんふどう》にして、性欲即《しょうよくすなわ》ち異《こと》なり、遂《つい》んじて二教轍《にきょうあと》を殊《こと》んじて、手《て》を金蓮《こんれん》の場《じょう》に分《わ》かち、五乗鑣《ごじょうくつばみ》を並《なら》べて、蹄《ひづめ》を幻影《げんにょう》の埒《らち》に踠《あが》つ。其《そ》の解毒《げどく》に随《したが》って、薬《くすり》を得《う》ること即《すなわ》ち別《べつ》な《〔た〕》り。慈父導子《じぶどうし》の方《ほう》、大綱此《たいこうこ》に在《あ》り。

四

大般若波羅蜜多心経《だいはんにゃはらみたしんぎょう》といっぱ、即《すなわ》ち是《こ》れ大般若菩薩《だいはんにゃぼさつ》の大心真言三摩地法門《だいしんしんごんさんまじほうもん》なり。文《もん〔な〕》は一紙《いっし》に欠《か》けて、行《ごう》は則《すなわ》ち十四《じゅうし》なり。謂《い》うべし、簡《かん》にして要《よう》なり、約《つづ》まやかにして深《ふか》し。五蔵《ごぞう》の般若《はんにゃ》は、一句《いっく》に嗛《ふく》んで飽《あ》かず。七宗《しちしゅう》の行果《ぎょうか》は、一行《いちごう》に飲《の》んで足《た》らず。観在薩埵《かんざいさった》は、則《すなわ》ち諸乗《しょじょう》の行人《ぎょうにん(の)》を挙《あ》げ、度苦涅槃《どくねはん(な)》は則《すなわ》ち諸教《しょきょう》の得楽《とくらく》を褰《かか》ぐ。五蘊《ごうん(な)》は横《おう》に迷境《めいきょう》を指《さ》し、三仏《さんぶつ(た)》は竪《しゅ》に悟心《ごしん(の)》を示《しめ》す。色空《しきくう》と言《い》えば、則《すなわ》ち普賢《ふげん》頤《おとがい》を円融《えんにゅう》の義《ぎ》に解《と》き、不生《ふしょう》と談《だん》ずれば、則《すなわ》ち文殊《もんじゅ》顔《かんばせ》を絶戯《ぜつけ》の観《かん》に破《やぶ》る。之《こ》れを識界《しきかい》に説《と》けば、簡持《けんじ》手《て》を拍《う》ち、之《こ》れを境智《きょうち》に泯《みん》ずれば帰一《きいち》心《こころ》を快《こころよ》くす。

十二因縁《じゅうにいんねん(な)》は、生滅《しょうめつ(と)》を麟角《りんかく》に指《さ》し、四諦《したい》の法輪《ほうりん(な)》は、苦空《くくう》を羊車《ようじゃ》に驚《おどろ》かす。況《いわ》んや《(にゃ)》復《ま》た𑖐𑖝𑖸《ギャテイ》の二字《にじ》は、諸蔵《しょぞう》の行果《ぎょうか》を呑《の》み、𑖢𑖿𑖨𑖭𑖽《ハラソウ》の両言《りょうごん(な)》は、顕密《けんみつ》の法教《ほうきょう》を孕《はら》めり。

一一《いちいち》の声字《しょうじ》は、歴劫《りゃっこう》の談《だん》にも尽《つ》きず。一一《いちいち》の名実《みょうじつ(た)》は、塵滴《じんてき》の仏《ほとけ》も極《きわ》めたもうこと無《な》し。是《こ》の故《ゆえ》に誦持《じゅじ》講供《こうぐ》すれば、則《すなわ》ち抜苦《ばつく》与楽《よらく》し、修習思惟《しゅじゅうしゆい》すれば、則《すなわ》ち得道起通《とくどうきつう》す。甚深《じんじん》の称《しょう》、誠《まこと》に宜《よろ》しく然《しか》るべし。

五

余《よ》、童《どう》を教《おし》うるの次《つい》でに、聊《いささ》か綱要《こうよう》を撮《と》って、彼《か》の五分〔の〕《ごぶん》を釈《しゃく》す。釈家多《しゃっけおお》しと雖《いえど》も、未《いま》だ此《こ》の幽《ゆう》を釣《つ》らず。翻訳《ほんにゃく》の同異《どうい》、顕密《けんみつ》の差別《しゃべつ》、並《なら》びに後《のち》に釈《しゃく》するが如《ごと》し。

或《あ》るひと問《と》って云《い》わく、般若《はんにゃ》は第二《だいに》未了《みりょう》の教《きょう》なり、何《なん》ぞ能《よ》く三顕《さんけん》の経《きょう》を呑《の》まん。

如来《にょらい》の説法《せっぽう》は、一字《いちじ》に五乗《ごじょう》の義《ぎ》を含《ふく》み、一念《いちねん》に三蔵《さんぞう》の法《ほう》を説《と》く。何《いか》に況《いわ》んや〔にや〕、一部《いちぶ》一品《いっぽん》に何《なん》ぞ匱《とぼ》しく、何《なん》ぞ無《な》からん。亀卦《きけ》爻蓍《ぎょうし》、万象《ばんしょう》を含《ふく》んで尽《つ》くること無《な》く、帝網声論《たいもうしょうろん》、諸義《しょぎ》を呑《の》んで窮《きわ》まらず。

難者《なんじゃ》の曰《い》わく、若《も》し然《しか》らば、前来《ぜんらい》の法匠《ほっしょうなん》何ぞ斯《こ》の言《ことば》を吐《は》かざる。答《こた》う、聖《しょう》人《にん》の薬《やく》を投《とう》ずること、機《き》の深浅《じんせん》に随《したが》い、賢者《けんじゃ》の説黙《せつもく》は、時《とき》を待《ま》ち人《ひと》を待《ま》つ。吾未《われいま》だ知《し》らず、蓋《けだ》し言《い》うべきを言《い》わざるか、言《い》うまじければ言《い》わざるか、言《い》うまじきを之《こ》れを言《い》えらん失《とが》、智人断《ちにんこと》わりたまえまくのみ。

六

仏説摩訶般若波羅蜜多心経《ぶっせつまかはんにゃはらみたしんぎょう》といっぱ、此《こ》の題額《だいがく》に就《つ》いて、二《ふた》つの別有《べつ(た)》り。梵漢別《ぼんかんべつ》なるが故《ゆえ》に。今仏説摩訶般若波羅蜜多心経《いまぶっせつまかはんにゃはらみたしんぎょう》と謂《い》っぱ、胡漢雑《こかんまじ》え挙《あ》げたり。説心経《せつしんぎょう》の三字《さんじ》は漢名《かんみょう》なり、余《よ》の九字《くじ》は胡号《こごう》なり。若《も》し具《つぶさ》なる梵名《ぼんみょう》ならば、《ボダハシャマカハラジャハラミタカリダソタラン》と曰《い》うべし。初《はじ》めの二字《にじ》は円満覚者《えんまんかくしゃ》の名《な》、次《つぎ》の二字《にじ》は密蔵《みつぞう》を開悟《かいご》し、甘露《かんろ》を施《ほどこ》すの称《しょう》なり。次《つぎ》の二字《にじ》は、大多勝《だいたしょう》に就《つ》いて義《ぎ》を立《た》つ。次《つぎ》の二字《にじ》は、定慧《じょうえ》に約《やく》して名《な》を樹《た》つ。次《つぎ》の三《み》つは、所作已弁《しょさいべん》に就《つ》いて号《な》とす。次《つぎ》の二《ふた》つは、処中《しょちゅう》に拠《よ》って義《ぎ》を表《あら》わす。次《つぎ》の二《ふた》つは、貫線摂持等《かんせんしょうじとう》を以《も》って字《な》を顕《あら》わす。

若《も》し総《そう》の義《ぎ》を以《も》って説《と》かば、皆人法喩《みなにんぽうゆ》を具《ぐ》す。斯《こ》れ則《すなわ》ち大般若波羅蜜多菩薩《だいはんにゃはらみたぼさつ》の名《な》なり、即《すなわ》ち是《こ》れ人《にん》なり。此《こ》の菩薩《ぼさつ》に、法曼荼羅真言三摩地門《ほうまんだらしんごんさんまじもん(の)》を具《ぐ》す。一一《いちいち》の字《じ》は、即《すなわ》ち法《ほう》なり。

此《こ》の一一《いちいち》の名《な》は、皆世間《みなせけん》の浅名《せんみょう》を以《も》って、法性《ほっしょう》の深号《じんごう》を表《あら》わす。即《すなわ》ち是《こ》れ喩《ゆ》なり。此《こ》の三摩地門《さんまじもん(な)》は、仏《ほとけ》鷲峯山《じゅぶうぜん》に在《いま》して、鶖子等《じゅしとう》の為《ため》に、之《こ》れを説《と》いたまえり。

七

此《こ》の経《きょう》に、数《あま》たの翻訳《ほんにゃく》あり。第一《だいいち》に羅什三蔵《らじゅうさんぞう》の訳《やく》、今《いま》の所説《しょせつ》の本《ほん》是《こ》れなり。次《つぎ》に唐《とう》の遍覚三蔵《へんがくさんぞう》の翻《ほん》には、題《だい》に仏説摩訶《ぶつせつまか》の四字《しじ》無《な》し。五蘊《ごうん》の下《した》に等《とう》の字《じ》を加《くわ》え、遠離《おんり》の下《した》に一切《いっさい》の字《じ》を除《のぞ》く。陀羅尼《だらに》の後《のち》に、功能《くうのう》無《な》し。次《つぎ》に大周《だいしゅう》の義浄三蔵《ぎじょうさんぞう》の本《ほん》には、題《だい》に摩訶《まか》の字《じ》を省《はぶ》き、真言《しんごん》の後《のち》に、功能《くうのう》を加《くわ》えたり。又法月《またほうがち》及《およ》び般若両三蔵《はんにゃりょうさんぞう》の翻《ほん》には、並《なら》びに序分流通《じょぶんるつう》有《あ》り。又陀羅尼集経《まただらにじっきょう》の第三《だいさん》の巻《まき》に、此《こ》の真言法《しんごんほう》を説《と》けり。経《きょう》の題《だい》、羅什《らじゅう》と同《おな》じ。

八

般若心《はんにゃしん》と言《い》っぱ、此《こ》の菩薩《ぼさつ》に身心等《しんじんとう》の陀羅尼《だらに》有《あ》り。是《こ》の経《きょう》の真言《しんごん〔な〕》は、即《すなわ》ち大心咒《だいしんしゅ》なり。此《こ》の心真言《しんしんごん》に依《よ》って、般若心《はんにゃしん》の名《な》を得《う》。或《あ》るが云《い》わく、大般若経《だいはんにゃきょう》の心要《しんよう》を略出《りゃくしゅつ》するが故《ゆえ》に、心《しん》と名《な》づく。是《こ》れ別《べつ》会《て》の説《せつ》にあらずと。謂《い》わゆる龍《りゅう》に蛇《じゃ》の鱗《うろくず》有《あ》るが如《ごと》し。

九

此《こ》の経《きょう》に、総《そう》じて五分《ごぶん》有《(な)》り。第一《だいいち》に人法総通分《にんぼうそうつうぶん》、観自在《かんじざい》というより、度一切苦厄《どいっさいくやく》に至《いた》るまで、是《こ》れなり。第二《だいに》に分別諸乗分《ふんべつしょじょうぶん》、色不異空《しきふいくう》というより、無所得故《むしょとっこ》に至《いた》るまで、是《こ》れなり。第三《だいさん》に行人得益分《ぎょうにんとくやくぶん》、菩提薩埵《ぼだいさった》というより、三藐三菩提《さんみゃくさんぼだい》に至《いた》るまで、是《こ》れなり。第四《だいし》に総帰持明分《そうきじみょうぶん》、故知般若《こちはんにゃ》というより、真実不虚《しんじつふこ》に至《いた》るまで、是《こ》れなり。第五《だいご》に秘蔵真言分《ひぞうしんごんぶん》、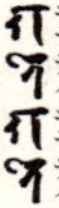《ギャティギャティ》というより、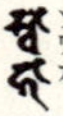《ソワカ》に至《いた》るまで、是《こ》れなり。

第一《だいいち》の人法総通分《にんぼうそうつうぶん》に、五《いつ》つ有《あ》り。因行証入時《いんぎょうしょうにゅうじ》、是《こ》れなり。

観自在《かんじざい》と言《い》っぱ、能行《のうぎょう》の人《にん》、即《すなわ》ち此《こ》の人《にん(な)》は、本覚《ほんがく》の菩提《ぼだい》を因《いん》とす。

深般若《じんぱんにゃ》は能所観《のうしょかん》の法《ほう》、即《すなわ》ち是《こ》れ行《ぎょう》なり。

照空《しょうくう》は則《すなわ》ち能証《のうしょう》の智《ち》、度苦《どく》は則《すなわ》ち所得《しょとく》の果《か》、果《か》は則《すなわ》ち入《にゅう》なり。

彼《か》の教《きょう》に依《よ》る、人《にん》の智《ち》無量《むりょう》なり。智《ち》の差別《しゃべつ》に依《よ》って、時《じ》亦《また》多《おお》し。三生三劫《さんじょうさんごう》六十《ろくじゅう》 百《ひゃく》 妄執《もうじゅう》の差別《しゃべつ》、是《こ》れを時《じ》と名《な》づく。

頌《じゅ》に曰《い》わく、

観人智慧《かんにんちえ》を修《しゅ》して　深《ふか》く五衆《ごしゅう》の空《くう》を照《て》らす　歴劫修念《りゃっこうしゅねん》の者《もの》　煩《ぼん(の)》を離《はな》れて

一心《いっしん》に通《つう》ず

第二《だいに》の分別諸乗分《ふんべつしょじょうぶん》に、亦《また》五《いつ》つあり。建絶相二一《こんぜつそうにいち》、是《こ》れなり。

初《はじ》めに建《こん》といっぱ、謂《い》わゆる建立如来《こんりゅうにょらい》の三摩地門《さんまじもん》、是《こ》れなり。色不異空《しきふいくう》というより、亦復如是《やくぶにょぜ》に至《いた》るまで、是《こ》れなり。建立如来《こんりゅうにょらい》といっぱ、即《すなわ》ち普賢《ふげん》菩薩《ぼさつ》の秘号《ひごう》なり。普賢《ふげん》の円因《えんにん(な)》は、円融《えんにゅう》の三法《さんぼう》を以《も》って宗《しゅう》とす。かるが故《ゆえ》に、以《も》って之《こ》れに名《な》づく。又是《またこ》れ、一切如来菩提心行願《いっさいにょらいぼだいしんぎょうがん》の身《しん》なり。

頌《じゅ》に曰《い》わく、

色空本《しきくうもと》より不二《ふに》なり　事理《じり》元《もと》より来《この》かた同《どう》なり　無礙《むげ》に三種《さんじゅ》を融《ゆう》す　金《こん》水《すい》の喩《たと》え其《そ》の宗《しゅう》なり

二《ふた》つに絶《ぜつ》といっぱ、謂《い》わゆる無戯論如来《むけろんにょらい》の三摩地門《さんまじもん》、是《こ》れなり。是《ぜ》諸法空《しょほうくう》相《そう》というより、不増不減《ふぞうふげん》に至《いた》るまで、是《こ》れなり。無戯論如来《むけろんにょらい》と言《い》っぱ、即《すなわ》ち文殊菩薩《もんじゅぼさつ》の密号《みつごう》なり。文殊《もんじゅ》の利剣《りけん(な)》は能《よ》く八不《はっぷ》を揮《ふる》って、彼《か》の妄執《もうじゅう》の心《しん(の)》を絶《た》つ、是《こ》の故《ゆえ》に以《も》って名《な》づく。

頌《じゅ》に曰《い》わく、

八不《はっぷ》に諸戯《しょけ》を絶《た》つ　文殊《もんじゅ》は是《こ》れ彼《か》の人《にん》なり　独空畢竟《どっくうひっきょう》の理《り》　義用《ぎゆう》最《もっと》も幽《ゆう》
　真《しん》なり

三《み》つに相《そう》といっぱ、謂《い》わゆる摩訶《まか》梅多羅《ばいたら》冒地《ぼうじ》薩怛嚩《さとば》の三摩地《さんまじ》門《もん》、是《こ》れなり。是故《ぜこ》空中無色《くうちゅうむしき》というより、無意識界《むいしきかい》に至《いた》るまで、是《こ》れなり。大慈《だいじ》三昧《さんまい》は、与楽《よらく》を以《も》って宗《しゅう》とし、因果《いんが》を示《しめ》すを誡《かい》とす。相性別論《そうしょうべつろん》し、唯識境《ゆいしききょう》を遮《しゃ》す。心《こころ》、只此《ただここ》に在《あ》り。

頌《じゅ》に曰《い》わく、

　二我《にが》何《いず》れの時《とき》にか断《た》つ　三祇《さんぎ》に法身《ほっしん(の)》を証《しょう》す　阿陀《あだ》は是《こ》れ識性《しきしょう》なり　幻《げん》
　影《にょう》は即《すなわ》ち名賓《みょうひん》なり

四《よ》つに二《に》といっぱ、唯蘊無我抜業因種《ゆいうんむがばつごういんじゅ》、是《こ》れなり。是《こ》れ即《すなわ》ち、二乗《にじょう》の三摩《さんま》地門《じもん》なり。無無明《むむみょう》というより、無老死尽《むろうしじん》に至《いた》るまで、即《すなわ》ち是《こ》れ因縁仏《いんねんぶつ》の三《さん》昧《まい》なり。
頌《じゅ》に曰《い》わく、
風葉《ふうよう》に因縁《いんねん〔の〕》を知《し》る　輪廻《りんね》幾《いく》ばくの年《とし》にか覚《さと》る　露花《ろか》に種子《しゅじ》を除《のぞ》く　羊鹿《ようろく》
号《な》相連《あいつら》なれり
無苦集滅道《むくしゅうめつどう》、此《こ》れ是《こ》の一句五字《いっくごじ》は、即《すなわ》ち依声得道《えしょうとくどう》の三昧《さんまい》なり。
頌《じゅ》に曰《い》わく、
白骨《はっこつ》に我《が》何《いず》くんか在《あ》る　青瘀《しょうお》に人本《にんもと》より無《な》し　我《わ》が師《し》は是《こ》れ四念《しねん》なり
羅漢亦何《らかんまたなん》ぞ虞《うれ》えん
五《いっ》つに一《いち》といっぱ、阿哩也嚩路枳帝冒地薩怛嚩《ありやばろきていぼうじさとば》の三摩地門《さんまじもん》なり。無智《むち》というより、無所得故《むしょとっこ》に至《いた》るまで、是《こ》れなり。此《こ》の得自性清浄如来《とくじしょうしょうじょうにょらい》は、一道《いちどう》清浄妙蓮不染《しょうじょうみょうれんふぜん〔の〕》を以《も》って衆生《しゅじょう》に開示《かいじ》して、其《そ》の苦厄《くやく》を抜《ぬ》く。智《ち》は能達《のうだつ〔と〕》を挙《あ》げ、得《とく》は所証《しよしよう》に名《な》づく。既《すで》に理智《りち》を泯《みん》ずれば、強《あなが》ちに一《いち》の名《な》を以《も》ってす。法華涅槃《ほつけねはん》等《とう》の摂末帰本《しようまつきほん》の教《きよう》、唯此《ただこ》の十字《じゆうじ》に含《ふく》めり。諸乗《しよじよう》の差別《しやべつ》、智者之《ちしやこ》れを察《さつ》せよ。

頌《じゆ》に曰《い》わく、

蓮《はちす》を観《かん》じて自浄《じじよう》を知《し》り　菓《このみ》を見《み》て心徳《しんとく》を覚《さと》る　一道《いちどう》に能所《のうしよ》を泯《みん》ずれば

三車即《さんしやすなわ》ち帰黙《きもく》す

第三《だいさん》の行人得益分《ぎようにんとくやくぶん》に二《ふた》つ有《あ》り、人法是《にんぽうこ》れなり。初《はじ》めの人《にん》に七《なな》つ有《あ》り、前《さき》の六《む》つ、後《のち》の一《ひと》つなり。乗《じよう》の差別《しやべつ》に随《したが》って、薩埵《さつた》に異有《いあ》るが故《ゆえ》に、又薩埵《またさつた》に四《よ》つ有《あ》り、愚識金智是《ぐしきこんちこ》れなり。

次《つぎ》に又《また》、法《ほう》に四《よ》つあり、謂《い》わく因行証入《いんぎようしようにゆう》なり。般若《はんにや》は即《すなわ》ち能因能行《のういんのうぎよう》、無《む》导離障《げりしよう》は即《すなわ》ち入涅槃《にゆうねはん》、能証《のうしよう》の覚智《かくち》は即《すなわ》ち証果《しようか》なり。文《もん》の如《ごと》く思知《しち》せよ。

頌《じゅ》に曰《い》わく、

行人《ぎょうにん》の数《かず》は是《こ》れ七《なな》つ　重二彼《じゅうにか》の法《ほう》なり　円寂《えんじゃく》と菩《ぼ》提《だい》と　正依何事《しょうえなにごと》か乏《とも》しからん

第四《だいし》の総帰《そうき》持明分《じみょうぶん》に、又三《またみ》つあり。名体用《みょうたいゆう》なり。四《し》種《しゅ》の咒明《しゅみょう》は名《な》を挙《あ》げ、真実不虚《しんじつふこ》は体《たい》を指《さ》し、能除諸苦《のうじょしょく》は用《ゆう》を顕《あら》わす。名《な》を挙《あ》ぐる中《なか》に、初《はじ》めの是《ぜ》大神咒《だいじんしゅ》は声聞《しょうもん》の真言《しんごん》、二《に》は縁覚《えんがく》の真言《しんごん》、三《さん(な)》は大乗《だいじょう》の真言《しんごん》、四《し》は秘《ひ》蔵《ぞう》の真言《しんごん》なり。若《も》し通《つう》の義《ぎ》を以《も》っていわば、一一《いちいち》の真言《しんごん》に皆四名《みなしみょう》を具《ぐ》す。略《りゃく》して一《いち》隅《ぐう》を示《しめ》す。円智《えんち》の人《にん》、三即帰《さんそくき》一《いっ》せよ。

頌《じゅ》に曰《い》わく、

総持《そうじ》に文義《もんぎ》忍咒《にんしゅ》有《あ》り　悉《ことごと》く持明《じみょう》なり　声字《しょうじ》と人法《にんぼう》と　実相《じっそう》とに此《こ》の名《な》を具《ぐ》す

第五《だいご》の秘蔵真言分《ひぞうしんごんぶん》に、五《いっ》つ有《あ》り。初《はじ》めの𑖐𑖝𑖸《ギャテイ》は声聞《しょうもん》の行果《ぎょうか》を顕《あら》わし、二《に》の𑖐𑖝𑖸《ギャテイ》は縁覚《えんがく》の行果《ぎょうか》を挙《あ》げ、三《さん》の𑖢𑖯𑖐𑖝𑖸《ハラギャテイ》は諸大乗《しょだいじょう》最勝《さいしょう》の行果《ぎょうか》を指《さ》し、四《し》の𑖢𑖯𑖭𑖽𑖐𑖝𑖸《ハラソウギャテイ》は真言曼荼羅《しんごんまんだら》具足輪円《ぐそくりんねん》の行果《ぎょうか》を明《あ》かし、五《ご》の𑖤𑖺𑖠𑖰《ボウジ》𑖭𑖿𑖪𑖯𑖮𑖯《ソワカ》は上《かみ》の諸《しょ》乗《じょう》究竟菩提証入《くきょうぼだいしょうにゅう》の義《ぎ》を説《と》く。句義《くぎ》、是《か》くの如《ごと》し。若《も》し字相義《じそうぎ》等《とう》に約《やく》して、之《こ》れを釈《しゃく》せば、無量《むりょう》の人法等《にんぼうとう》の義《ぎ》有《あ》り。劫《こう》を歴《へ》ても、尽《つ》くし難《がた》し。若《も》し要《よう》聞《もん》の者《もの》は、法《ほう》に依《よ》って更《さら》に問《と》え。

頌《じゅ》に曰《い》わく、

真言《しんごん(な)》は不思議《ふしぎ》なり　観誦《かんじゅ》すれば無明《むみょう》を除《のぞ》く　一字《いちじ》に千理《せんり》を含《ふく》み　即身《そくしん》に

法如《ほうにょ》を証《しょう》す　行行《ぎょうぎょう》として円寂《えんじゃく》に至《いた》り　去去《ここ》として原初《げんしょ》に入《い》る　三界《さんがい》は客《かく》

舎《しゃ》の如《ごと》し　一心《いっしん(な)こ》は是れ本居《ほんご》なり

十

問《と》う、陀羅尼《だらに》は是《こ》れ如来《にょらい》の秘密語《ひみつご》なり。このゆえに古《いにしえ》の三蔵《さんぞう》、諸《もろもろ》の疏家《しょけ》、皆口《みなくち》を閉《と》じ、筆《ふんで》を絶《た》つ。今此《いまこ》の釈《しゃく》を作《つく》る、深《ふか》く聖旨《しょうし》に背《そむ》けり。如来《にょらい》の説法《せっぽう》に二種《にしゅ》有《あ》り、一《ひと》つには顕《けん》、二《ふた》つには秘《ひ》。顕機《けんき》の為《ため》には多名句《たみょうく》を説《と》き、秘根《ひこん》の為《ため》には総持《そうじ》の字《じ》を説《と》く。是《こ》の故《ゆえ》に、如来自《にょらいみずか》ら𑖀《ア》字《じ》𑖌𑖼《オン》字《じ》等《とう》の種種《しゅじゅ》の義《ぎ》を説《と》いたまえり。是《こ》れ即《すなわ》ち秘機《ひき》の為《ため》に、此《こ》の説《せつ〔と〕》を作《な》す。龍猛《りゅうみょう》無畏《むい》広智《こうち》等《とう》も、亦《また》、其《そ》の義《ぎ》を説《と》いたもう。能不《のうふ》の間《あいだ》、教機《きょうき》に在《あ》り、まくのみ。之《こ》れを説《と》き、之《こ》れを黙《もく》する、並《なら》びに仏意《ぶっち》に契《かな》えり。

問《と》う、顕密二教《けんみつにきょう》其《そ》の旨《むね》天《はる》かに懸《はる》かなり。今此《いまこ》の顕経《けんぎょう》の中《なか》に、秘義《ひぎ》を説《と》く、不可《ふか》なり。医王《いおう》の目《め》には、途《みち》に触《ふ》れて皆薬《みなくすり》なり。解宝《げほう》の人《にん〔な〕》は、礦石《こうしゃく》を宝《たから》と見《み》る。知《し》ると知《し》らざると、誰《たれ》か罪過《ざいか》ぞ。又此《またこ》の尊《そん》の真言儀軌《しんごんぎき》観法《かんぽう》は、仏金剛頂《ほとけこんごうちょう》の中《なか》に説《と》いたまえり。此《こ》れ秘《ひ》が中《なか》の極秘《ごくひ》なり。応化《おうけ》の釈迦《しゃか》、給孤園《きっこおん》に在《いま》して、菩薩天人《ぼさつてんにん》の為《ため》に、画像壇法真言手印等《えぞうだんぼうしんごんしゅいんとう》を説《と》いたもう。亦是《またこ》れ秘密《ひみつ》なり。陀羅尼集経《だらにじっきょう》の第三《だいさん》の巻《まき》、是《これ》なり。顕密《けんみつ(た)にん》は人に在《あ》り、声字《しょうじ》は即《すなわ》ち非《ひ》なり。然《しか》れども猶顕《なおけん》が中《なか》の秘《ひ》、秘《ひ》が中《なか》の極秘《ごくひ》なり、浅深重《せんじんじゅうじゅう》重まくのみ。

十一

我《わ》れ秘密真言《ひみつしんごん》の義《ぎ》に依《よ》って
略《りゃく》して心経五分《しんぎょうごぶん》の文《もん(の)さん》を讃す
一字《いちじ》一文法界《いちもんほっかい》に遍《へん》じ
無終無始《むしゅうむし》にして我《わ》が心分《しんぶん》なり

翳眼《えいげん》の衆生《しゆじよう》は盲《めし》いて見《み》ず
曼儒般若《まんじゆはんにや》は能《よ》く紛《ふん〔の〕と》を解く
斯《こ》の甘露《かんろ》を灑《そそ》いで迷者《めいしや》を霑《うる》おす
同《おな》じく無明《むみよう》を断《だん》じて魔《ま》軍《ぐん〔の〕は》を破せん

解説

(一) 著作の目的

『般若心経』は、大乗仏教の根幹である般若の空思想の要点を述べており、漢字で二七〇文字の短い経典でもあり、多くの仏教徒に読まれ、かつ書写されてきた。大乗諸宗も、それぞれの宗派の立場から『心経』を解釈しているので、註釈書も多い。

空海は、人口に膾炙《かいしゃ》しているこの経を用いて、これを密教的に展開し、当時のわが国の仏教諸宗そして二乗教（南方仏教、小乗教）までをも視野に入れつつ、仏教の統合を計画したのである。

『般若心経秘鍵』の製作年次は、古来、空海入定《にゅうじょう》の前年つまり承和元年（八三四）とされていることと考え合わせても、最晩年を迎えた空海は、すでに完成していた十住《じゅうじゅう》心思想《しんしそう》（『空海「秘《ひ》蔵宝鑰《ぞうほうやく》」』参照）を縦横に活用して、『心経』をもって仏教の根本経典とし、全仏教徒がこの経を読誦、書写することによって、共通の光を拝げる方向に導こうとしたのではないか、と推察する。

㈡　五分判釈について

この『秘鍵』の中で中核となる五分判釈《ごぶんはんじやく》について説明を加えておきたい。

本文に「この経に総じて五分あり」として第一に人法総通分《にんぽうそうつうぶん》、第二に分《ふん》別諸乗分《べつしよじようぶん》、第三に行人得益分《ぎようにんとくやくぶん》、第四に総帰持明分《そうきじみようぶん》、第五に秘蔵真言分《ひぞうしんごんぶん》という具合に『心経』を五つの部分に分けて、その一一の部分に、七宗の修行と果が含まれていると理解する。

先ず第一の人法総通分は、因・行・証・入・時と覚える。観自在菩薩は、一人の菩薩と見るのではなく、すべての仏教の修行者の総称だと理解する。能行《のうぎよう》の人《にん》とは修行を行ずる人の意、密教でいえば、あらゆる人は本来的に仏性を有《ゆう》しているのであり、この心を因として成長するのであるからこれを「因《いん》」と称する。次の「深き般若波羅蜜多を行ずる」の部分は仏教各派のそれぞれの修行の内容を総称すると理解する。これが能観・所観の法であり「行《ぎょう》」と表現する。次の「諸法は皆空なりと照見する」は七宗の修行者が各派の目的とするところを証したという意味から「証《しょう》」と称する。次の「一切苦厄《くやく》を度《ど》したまえり」は七宗の行人がそれぞれ到達した果であり心境であるところから「入《にゅう》」と称する。そしてこれら修行者たちは各宗派の理解の違いによって目的達成までの時間も異なってくる。

たとえば華厳宗では三生《さんしょう》成仏といい、法相宗や三論宗では三劫《さんごう》成仏といい、声聞乗の六十劫、縁覚乗の百劫などさまざまで、特に真言密教では即身成仏を立てて時を超越してしまうのである。こうした時間を「時《じ》」と称する。

以上のように受けとめればこの一段は、七宗の因・行・証・入・時がすべておさまっていることを示していることになる。

第二の分別諸乗分は、建《こん》・絶《ぜつ》・相《そう》・二《に》・一《いち》と覚える。すでに口語訳で十分に理解されたと思うので詳述は避けるが、この部分は、空海の深い理解のたまものであり、最も空海らしさが読み取れる。建・絶・相・二・一のそれぞれを頌《じゅ》でまとめているのも空海の頭脳のさえわたっていることがよくわかる。

「色即是空、空即是色」の段が、「一即一切、一切即一」の華厳の法界縁起だと見抜く力、『心経』の六不を「八不中道」の三論宗だといとも端的に理解する単純明快さ、『心経』文中に「意識界」の語があればたちどころに唯識無境の法相宗を想起する敏感さ、そして「四諦、十二因縁」の文があれば直ちに声聞乗、縁覚乗を想う仏教学的把握の確かさ、「智も無くまた得も無し、無所得なるをもっての故なり」の漢字で十文字の部分を、境智不二、一道清浄、浄蓮不染の天台宗だと設定する大胆かつ正確な理解力、これらすべてに見られる空海の学識は、実に感服するばかりである。

この分別諸乗分の部分をさらにひろげていけば、「無所得空」の禅宗各派も含まれてくるであろうし、「智も無くまた得も無し」は、一途に弥陀の本願にすがる、絶対他力の阿弥陀信仰にも通じるであろう。

さらに『妙法蓮華経』の説を尊ぶ日蓮宗系統の諸宗も当然にここに含まれることは確かである。鎌倉時代からの日本仏教諸宗の教理まで広く含まれるとすれば、空海がめざした目的にも合致することは間違いない。

第三の行人得益分においても空海の工夫が強くしのばれる。『心経』に菩薩と仏陀とが共に「般若波羅蜜多」によりてそれぞれの立場を完全なものに保持していくことについて、菩薩の考え方も各宗でさまざまであり、仏陀についてもさまざまであることを空海は巧みに活用しているのである。

小乗、大乗、密教で最も明確なことは、仏陀の見方が違うことで、それにともなって菩薩の見方が異なってくる。仏陀と菩薩をいかなる人格と見ていくかは、仏教学上の根本テーマでもある。『心経』に、あらゆる種類の仏・菩薩が含まれていることによって、『心経』が仏教共通の経であることを証明しようとしたのがこの段での空海のねらいであったと思われる。特に真言密教の真仏は曼荼羅の中央に位置する大日如来である。空海は仏陀を三種に分類する。主たる著作の一つである『弁顕密二教論』の冒頭で空海はこう述べている。

「それ仏に三身あり、教はすなはち二種なり。応化の開説を名づけて顕教《けんぎょう》という、ことば顕略にして機《き》に逗《かな》えり。法仏の談話《だんかい》これを密蔵《みつぞう》という、ことば秘奥《ひおう》にして実説《じっせつ》なり」

（訳　仏陀を分類すると法身《ほっしん》、応身《おうじん》、化身《けしん》の三種類がある。教えとしては顕教と密教の二種である。この中、応身、化身が説かれる教えを顕教といい、ことばはわかり易《やす》く、人々の願望や理解力に応じて説かれている。それに対して法身の説く教えは、密教《みっきょう》であって、他の顕教とは全く比《くら》べものにならない深いものでしかもだれにでも共通して生かされている教えである）

この三身説は数《かず》ある大乗経論のうち、『金光明最勝王経』（義浄訳十巻）からの三身を応用してこれを密教に用いて構成した空海の苦心の成果である。『金光明経』には分別三身品《ふんべつさんしんぼん》なる一章があり、そこには、法、応、化の三身が説かれ、その中の法身のみが真実有《しんじつう》の仏身であり、他の応、化二身は法身が身を変えただけの仮名有《けみょうう》の仏身だと明言《めいげん》している。空海はこの法身を、真言教主大日如来に当てて密教の三身としたのである。

ちなみに唯識等の大乗諸宗で一般に用いられている「法、報、応」の三身は、法身が理仏《りぶつ》を意味し、実在するのは仏果報身《ぶっかほうじん》だという傾向が強いのであるから、空海はこの説には全く興味を示していないし扱《あつか》ってもいない。空海が懸命《けんめい》に求めていたものは、色身《しきしん》をもち説法《せっぽう》する具体的な法身だったのである。

五分判釈の第四は、総帰持明分である。これは口語訳を読んで頂けばわかるように、名《みょう》と体《たい》と用《ゆう》の三方面で理解する。「是大神咒、是大名咒、是無上咒、是無等等咒」は順に声聞《しょうもん》の真言、縁覚《えんがく》の真言、大乗の真言、真言密教の真言で、これらは「名《みょう》」である。経文の真実にして虚《こ》ならず」は真言の「体《たい》」を表わし「よく一切の苦を除く」は真言の「用《ゆう》」（はたらき）を表わす。ここでも仏教七宗の真言の体と相と用が説かれている、と理解する。

最後の第五秘蔵真言分は、ギャテイ、ギャテイの部分だが、これも第四と同様に、それぞれ声聞、縁覚、大乗、密教の真言に配当して、仏教のすべての真言がここに含まれている、と解釈する。

以上『心経』を五つに分けて、そのそれぞれで、この経に全仏教の教理行果が含まれており、その結果、『心経』は密教経典であり、曼荼羅であり、全仏教徒たちが、それぞれの立場から『心経』を読誦、書写することで、仏教徒が共通の心を持てるみちを開こうとしたのである。

「五分判釈」という論法は、空海が何を参考にしたのか、空海の独創かは明らかではないが、十住心思想をふまえての『心経』の新解釈はまことに興味深いものがある。

(三) 『秘鍵』が現代人に何を教えるか

私たちは『般若心経』によってわずらわしい小乗仏教の無我の説明を破し、因縁によって生じたこの世のものはすべて無自性であり空《くう》である、と達観《たっかん》することを学んだ。こうした空《くう》の教えと現実の社会生活とをどのように結びつけて私たちは生きていけばよいのだろうか。般若空の思想を補《おぎな》うものとして後の唯識教学が発達するが、その中に「三性説《さんしょうせつ》」というのがある。

ある人が夕暮れどきに道を歩いていると、道の真《ま》ん中《なか》に大きな蛇《へび》が見えて一瞬ドキリとした。しかしよくよく見ると蛇ではなくて縄《なわ》であった。しかしその縄もさらに観察してみれば実体は麻を縒《よ》ったものなのである。

これと同様に私たちは、因縁によって作られた縄を見まちがって蛇と思い驚きあわてていることが多い。そして縄も永遠に縄であるわけではなくて麻で作られたものなのである。

では現実の縄を私たちは麻にすぎないと言い切ってしまって縄であることを無視してよいのであろうか。そうではない。私たちは実体は麻であることを知りながら、縄の存在を大切にしなければならない。縄として用いるためには保存することも必要であり、大いに生活に生かしていかねばならない。

私たちの社会も因縁によって生《しょう》じたものである。自分自身もそうであり親子兄弟もそうである。この関係は、いずれは別れなければならない関係であり、自分もいずれは死なねばならない存在である。それらの無常なることをよく認識した上で、家族は愛し合い助け合って生きていくのである。この現実は仮の姿である。しかしこれをできるだけ大切に保持したい。しかし常に別れは待っているのである。依他起性《えたきしょう》の現実は円成実性《えんじょうじっしょう》という仏陀の見方で見ていきながらこれを大切に扱い、決して遍計所執性《へんげしょしゅうしょう》に堕《おちい》らないように心がけるべきなのである。

『般若心経』によって私たちは、社会の現実を仮の姿と認識し、極端な偏見を離れて中道《ちゅうどう》の立場に立つトレーニングを試《こころ》みよう。こうすることを続けることによって、私たちの生活は、比較的たしかなものになり、神話の神も考えず、自由に物事を考えて、仏陀の光をたよりに力づよく人生を歩んでいこうではないか。

こうした生《い》かしかたによって、『般若心経』は私たちの人生を支えてくれることになるであろう。

次に、空海の『秘鍵』によって私たちの人生はさらに深く広いものになっていく。

ここで『大日経』の注釈書である『大日経疏』に見られる「宝珠の比

喩」をご紹介しよう。

宝珠は多くの鉱石の中に埋れているが、掘り出され、水あらいやあくあらいをくり返しさらに何回もみがきをかけられ、ついには、光りかがやく宝珠として、この宝珠に願えばあらゆる宝物が雨降るごとく現前する。さてそこで問題は、出現する衆宝は、宝珠の中に内在していたのであろうか。出現する衆宝の方が宝珠より大きいのであるから、内在していたとは言えないであろう。

では本来内在していなかったのか。それはまたおかしいであろう。衆物は確かに宝珠から出てきたのである。この如意宝珠の不思議さは、私たち人間の心、特に菩提心（仏を求める心）にたとえているのである。人間の心の深さ広さ、そして内含する果《は》てしのない可能性は、まさに如意宝珠の不思議さに似ているのである。

人間の心の最も深いところを探究し、そのはたらきにかかわるのが、空海のめざしていた密教なのである。そして空海の思いからすれば、人間はだれでもこうした深くて広いはたらき（これを空海は密教眼《みっきょうげん》という）を持っている。密教眼をもって『般若心経』を読み解けば、『秘鍵』のような理解も可能になるのである。小乗（南方）仏教、大乗仏教、密教それぞれが『般若心経』を読んでよい。『心経』にはそれらすべての仏教の教えが含まれている。

すべての仏教徒が共に『心経』を読み、あるいは書写することによって、仏教徒たちは同じ土俵の上に乗ることができる。万人に共通の光を求めていた空海が『秘鍵』を著作したのはこのためだったと言える。

あらゆる思想や宗教にそれぞれ価値を見出《みいだ》してそれぞれの地位を与え、それぞれが違いは違いとして認識しながらも、手を握り合って大道を歩んでいけば、抗争や対立を避けることもできるし平和と共存が可能になるであろう。

人情味あふれる空海の実像

これまでに『三教指帰《さんごうしいき》』や『秘蔵宝鑰《ひぞうほうやく》』を読み、さらに本書を読まれた読者各位の中には、空海という人物を、理性的で、ややつめたい人のように受け取る向《む》きもあるだろうがそうではない。実《じつ》は空海は、情愛に厚い、人間味の豊かな人であったことを、紹介してみたい。

空海の心の探求

空海が生涯をかけて求め続けたのは、現実ばなれをした難しい理論ではなくて、自己を含めて人々の真《しん》の心《こころ》の自由と平和というきわめて身ぢかなものであった。人の心のありようは一体どうなっているのか、人はどのような心になれば安定するのか、自由な心、平和な心、万人《ばんにん》が心から握手《あくしゅ》するにはどうすればよいのか、など、空海の胸中で最も大きな比重を占《し》めていたのは、心の問題だったのである。

大学を中退して仏道修行に入る二十歳前後から、空海の願いは変わっていない。二十四歳で『三教指帰』を著作したのもそのためであり、五十七歳で『秘蔵宝鑰』を作成したのもそのためなのである。比較思想といっても、空海の場合、あくまでその主眼は自己を含む人々の心の遍歴《へんれき》であり、心の探究であった。

空海のこうした志向《しこう》は一体どこからきているのか、明確ではないが、考えられるヒントはいくつか存在するように思われる。

空海は讃岐《さぬき》（今の香川県）の佐伯《さえき》家の三男として生まれたが、兄二人は早くなくなったことから、空海はその家の後継者として育てられた。そして佐伯家は、代々皇室守護の武士の家系であった。十五歳で、当時の長岡京に上京、十八歳で「大学」に入学してからも、政治家を目指す明経科《めいけい》で学んでいたのである。

僧侶を目指す者は十二、三歳でどこかの寺院に入寺《にゅうじ》するが、空海の場合は例外であって、仏道修行に入るのは二十歳を過ぎてからであり、出家の宣言書でもある『三教指帰』を著作したのは二十四歳の十二月であった。

また空海の生年は宝亀五年（七七四）であるから、平安遷都《せんと》の七九四年は、空海二十一歳に当たるのである。優秀な青年が、多感な青春時代を激動のただなかに送り、しかも先祖の人々は朝廷の平和のために数々の武勲《ぶくん》をたてていることを教えられている空海であるから、たとえ仏道に入っても、国家の安泰と人々の福祉について常に忘れることなく、思想、宗教の方面から活動している。中国から密教を導入したのも、人々の心の安定と平和を目的としている結果であって、後の真言宗というような一宗派を開くことなどは空海の心《こころ》の他《ほか》であったように思う。

比較思想体系も、空海の源底には、人《ひと》の心を耕《たが》やし深《ふか》めていくと、どうなるのか、という命題《めいだい》を解決する意欲があり、当時のわが国のばらばらな思想宗教界に、共に進めるような大きな目標をかかげて、わが国民の心の難題《なんだい》を解決するという、きわめて具体的な取り組みかたの成果なのであった。

次に忘れてはならないのは、空海が青年期に示した二つの行動について、である。その一つは、朝廷の許可なく、勝手に「大学」を中退してしまったこと。そして第二に、せっかく留学生《るがくしょう》に選ばれて、二十年の予定で入唐《にっとう》したにもかかわらず、日本の朝廷の許可なしに、勝手にわずか足かけ三年で帰国してしまったこと、である。この二つの行動は、空海にとっては明確な理由があり、決して法律違反をするつもりは無かった。

「大学」の中退は、当時の大学の儒教を中心とした教育方針や訓古《くんこ》の教育に満足できずに、仏道修行の道を選んだだけであり、『三教指帰』にも、自《みずか》ら「進退谷《しんたいきわ》まった」とまでその際の苦悩を述べている。そして将来かならずや「大忠大孝」を実現すると誓っている。

また中国からの帰国を早めたのは、入唐の翌年、師の恵果《けいか》が空海に密教を伝え終えるや、たちまちに遷化《せんげ》し、その遺言によって帰国したのであって、これも種々考慮したあげくであろうが、僧侶として師の遺命《いめい》にそむくわけにはいかなかったのであろう。

しかしこれらの行動は、朝廷の中の、空海を快《こころよ》く思わなかった人々にとっては、空海非難《ひなん》の格好《かっこう》の材料となり、その後の空海に常につきまとっていたのである。『秘蔵宝鑰』にも、『三教指帰』の時と同様に「理由《いわれ》の無い苦しみ」に泣いていることが分かる記述がある（十四問答の部分参照）。しかし、こうした体験によって、空海は、世の中の矛盾や疑問点、そして人の心の複雑さなどが見えてきたのだと思われる。

加えて、当時の仏教界には、逆風が吹いていた。空海の出家は、まさに暗雲たれ込めるなか、逆風を突《つ》いての船出《ふなで》だったのである。

以上のようないくつかのヒントを参考にして空海のその後の言動を観察すると、なるほどとうなずけるような気がする。すなわち、空海の行動は、一方できわめて高い理想をかかげつつも、その指導はまことに現実的であり実効性に富んでいる。これも終始一貫して心の問題を追求してきた空海ならではのことである。そして当然のことながら、空海は、人々の良き相談役ともなっていった。以下に空海の人生相談のいくつかを挙げて御参考に供《きょう》したい。

上役との折り合いの相談

年次不明であるが空海の一通の返書を紹介しよう（『高野雑筆集』下、弘法大師全集③六〇六頁）。

栄枯《えいこ》盛衰《せいすい》は夢の如きものである。誠意をもって接しても時には容《い》れられず、落胆《らくたん》の心に切《せつ》に思うものは、有為《うい》転変《てんぺん》を超えた無為《むい》の世界（因縁を超えたもの、現象を超越した常住不変の存在）であり、世俗《せぞく》を離れた真実の道である。空海が交際した人々の中にも、こうした苦しい自分の心中を訴えた者がしばしばあるが、彼らに対して空海は、常にきわめて温《あたた》かい心で接し、丁寧《ていねい》に進路を示している。その中の一通がこれである。

前後二通のおたよりを頂き、あなたのお気持はよくわかりました。

私も驚きかつ憂《うれ》えております。昔も今もそうですが、忌憚《きたん》なく善悪を言って人を諫《いさ》めるような者で、その家が栄えたためしはありますまい。それでもなお正義をつらぬきたい人は、黙っていられないのです。道理を通していさめてしまうのです。

（先後《せんご》の二書を開いて具《つぶ》さに意を覚《さと》る。況《いわ》んや驚憂《きょうゆう》やまず。これを往古《おうこ》に聞き、これを今時《こんじ》に見るに、いまだあらず廉潔《れんけつ》の士《し》にして能《よ》くその家を潤《うるお》し、直諫《ちょっかん》の人《にん》にして能くその身を栄《はなさか》す者は。しかれどもなお、義を守る者は受けず。道に順《したが》う者は正諫《せいかん》するのみ）

上役に忠義のつもりでいさめて失脚《しっきゃく》するのと、上役の言う通りになって自分の身の安全を図るのと、この二つのうちどれを取るべきか、まさに本人の心次第《こころしだい》です。血を分けた親類であっても、身を喪《ほろ》ぼし家を喪ぼすのですから、まして赤の他人ではなおさらです。

(それ忠諫《ちゅうかん》して身を喪《ほろ》ぼすと、面柔《めんじゅう》にして物を利《り》すると、斯《こ》の二者は、いずれをか捨《す》ていずれをか取らん。取捨《しゅしゃ》の間《あいだ》、人心《じんしん》の趣《おもむ》く所《ところ》ならんのみ。骨肉《こつにく》の親《しん》といえども而《しか》もなお、身を喪《ほろ》ぼし門を喪ぼす。いかに況《いわ》んや疎遠《そえん》においてをや)

他人を直接いさめることが貴いのは、悪い行為をやめさせて善行に導くからであります。けれども菩薩《ぼさつ》が心がけるべき大切な徳目の一つに、同事《どうじ》というのがあり、これは世間に同《どう》じて事《こと》をおこなうということです。『老子』という中国の古典に「和光同塵《わこうどうじん》」ということが説かれていますが、これも、仏《ぶつ》・菩薩《ぼさつ》が人々を救済《きゅうさい》するために、本来の智慧の光を隠《かく》して世に現われ、煩悩《ぼんのう》の塵《ちり》にまみれながら人々を仏法に導くというものです。あなたも、これらの教えにならって、思い切って上役に事《つか》えてみてはいかがですか。

（直諫《ちょくかん》の貴《とうと》ぶところは、けだしその悪を変じてその善に順《したが》わしむるにおける者か。また、大士《だいし》の用心は同事《どうじ》これ貴ぶ。聖人《しょうにん》の所為《しょい》も光《ひかり》を和《やわら》げ物《もの》を利《り》す。しばらくその塵《ちり》に同《どう》じてその足を濯《すす》がんにはしかず）

そこまで努力しても通じずに、相手があなたを憎むとすれば、この関係はお互いに益《えき》するところなく損失ばかりとなりましょうから、思い切って身を引いて別れたほうがよろしいでしょう。しかしあなたが職を捨てられないとすれば、病気を理由に地方の仕事にでも移してもらいなさい。取捨、去就はまことに難しいものです。よくよく考えて決《き》めて下さい。

（もし流蕩《りゅうとう》してついに還《かえ》らず、諷《いさめ》を聞いて疾《にく》むこと敵の如くならしめば、彼《かれ》と己《おのれ》とに益《えき》なくして現《げん》と未《み》とに損《そん》あり。豈《あ》に翼《つばさ》を奮《ふる》って高く翔《かけ》り、鱗《うろこ》を払って遠く逝《い》くに若《し》かんや。もし公《こう》にして衣《ころも》を払《はら》って隠遁《いんとん》し簪《かんざし》を投《とう》じて志《こころざし》を逸《いっ》すること能《あた》わずんば、託《たく》するに疾病をもってし、以《もっ》て外《そと》の官《かん》を覓《もと》めんのみ。取捨《しゅしゃ》、去就《きょしゅう》その義かくのごとし。これを察《さっ》せよ、これを察せよ）

ずいぶん丁寧な回答ではないか。最後の部分に「託《たく》するに疾病をもってし、以《もっ》て外の官を覓《もと》めんのみ」などは、苦労人である空海の面目《めんもく》がしのばれる。

弟子からみた空海

弟子たちに対するこまやかな愛情をみておこう。空海の詩文、碑文、書簡などを集めた『遍照発揮性霊集《へんじょうほっきしょうりょうしゅう》』の編纂者である弟子の真済《しんぜい》は、十五歳で空海に入門し、三十五歳までの二十年間を師事したが、その序文に、師である空海の生涯や人柄について触れている。この序文は、『大師伝』

の貴重な資料の一つであるが、彼はそこに、空海について、

私は長い間、清らかな世界を求めて弟子に加わりましたが、鐘や籟がそれを打つ人によって音色が異なるように、わが師は、弟子たちがどのような質問をしても答えて下さいましたし、初めて入門した弟子に対しても旧知の友のように親しく教えてくれました。長い間お事《つか》えしましたが、軽薄な言動に接したことは一度もありませんでした。
（弟子久《ひさ》しく清塵《せいじん》を渇《ねが》って恭《うやうや》しく下風《かふう》に到《いた》る。鐘籟《しょうらい》あい響いて、新《あら》たに扣《たた》くこと旧《ふる》きがごとし。執事《しつじ》すること年深《としふか》くして、未《いま》だその浅きを見ず）

と述べている。弟子たちにとっては、はるかに仰ぎ見る存在でもあり、威厳のある先生であったに違いない。けれども、すでに述べたように、空海は感性の豊かな人柄であるから、おのずから、弟子たちへの接触は、き

めこまかな、温かなものであった、と思われる。

亡くなった愛弟子を悼む

天長二年（空海五十二歳）空海が大きな期待を寄せていた弟子の智泉が、三十七歳の若さで早逝《そうせい》した。空海は亡弟子のために法要を修《しゅ》し、切々《せつせつ》たる諷誦《ふうじゅ》の文《もん》を作り、痛切な哀悼《あいとう》の心を示している。その文にいわく（『性霊集』巻第八、全集③四九九頁）、

修行中も、あるいは平素同居している時も、たとえいかなる時でも、大切な家来のようについてきてくれました。飢えるのも楽しむのも一緒でした。まるで孔子と弟子の顔回《がんかい》、釈尊《しゃくそん》と弟子の阿難《あなん》のような関係だったのです。

（……斗藪《とそう》と同和と、王宮と山嶽とに影の如くに随《したが》いて離れず、股肱《ここう》の如くに相《あ》い従《したが》う。吾《わ》れ飢《う》うれば汝《なんじ》もまた飢《う》え、吾《わ》れ楽しめば汝《なんじ》も亦《ま》た楽しみぬ。いわゆる孔門《こうもん》の回愚《かいぐ》、釈家《しやくけ》の慶賢《きようけん》、汝《なんじ》すなわちこれに当れり）

悟りの世界から見れば、有為《うい》転変《てんぺん》する人生の憂楽《ゆうらく》は、夢の如く幻《まぼろし》の如しでありましょうが、それはわかっていても悲しくて、思わず泣けてしまうのです。大海をなかば渡った時に一方のかじが折れてしまったような、大空を渡り切らない途中で片方のつばさが摧《くだ》けてしまったような気持です。本当にあわれであり悲しく思います。

（……覚《さと》りの朝《あした》には夢虎《ぼうこ》なく、悟《さと》れる日《ひるま》には幻象《げんぞう》莫《な》し、というといえども然れどもなお夢夜の別れは不覚の涙に忍《しの》びず。巨壑《きよがく》半《なか》ば渡りて片檝《へんしゆう》たちまちに折れ、大虚《たいこ》いまだ凌《しの》がざるに一翮《いちれい》たちまちに摧《くだ》く。哀《あわれ》なるかな哀《あわれ》なるかな、また哀《あわれ》なるかな。悲しいかな悲しいかな、重ねて悲しいかな。……）

空海の弟子を思う心が胸を打つ。

苦行する弟子を心配する

次に、年次宛名が明らかではないが、恐らく深山に入って苦行を続けていた弟子の真泰に宛てたものではないかと思われる書簡を挙げよう（『高野雑筆集』下、全集③六〇〇頁）。

あなたからのたよりで、まだ身体の調子が良く治っていないことを知り、心から心配しています。頭痛や舌の爛《ただ》れは、熱《ねっ》のあるしるしです。呼吸法などをいかして努力すれば良くなるでしょう。また体温が安定しないのは、しょうがと味噌《みそ》の汁を飲むとよいでしょう。使いの者にしょうがの根と味噌と呵梨勒《かりろく》の実などを持たせましたから、すぐに汁にしてお飲みなさい。いくらか楽になりましたら宿舎に戻って休んで、私を安心させて下さい。

（書を得て、患《わずら》うところいまだ平《たいら》かならざることを委《くわ》しうす。憂愁《ゆうしゅう》なんぞ極《きわ》まらん。頭《ず》痛《つう》及び舌の爛《ただ》るるは熱の候《きざし》なり。呵気《かき》を用いて治すればすなわち除《のぞ》く。又冷熱調《ととの》わざるは薑豉湯《きょうしとう》を服《ぶく》せば除却《じょきゃく》することを得《え》ん。因《よ》って馳《は》せて、母薑《ぼきょう》、豉《し》、呵梨勒《かりろく》等の薬を送る。早く湯を作《な》して服せ。稍々《やや》平復することを得《え》ば、早く房《ぼう》に帰って相憶《そうおく》の情《こころ》を慰《い》せよ）

また他の書状にいう（『高野雑筆集』下、同前六〇二頁）。

あなたが素足《すあし》ではだかで長谷から出て修行を続けていると耳にしました。衣と薬を急いで持たせますから、温かくして薬をお飲みなさい。

苦行など長い期間してはいけません。早く使いの者と一緒に宿舎に帰りなさい。体調が回復したらすぐにまた修行をはじめることが大切です。

（……いま聞く、跣裸《せんら》にして長谷より披《ひら》き出《い》ずと。衣薬等を持たしめて馳《は》せ送る。苦行《くぎょう》は久《ひさ》しくすべからず。宜《よろ》しく早く使《つかい》に附《ふ》して房《ぼう》に帰るべし。持誦《じゅ》の時到《ときいた》らば須臾《すゆ》に入りて遅滞《ちたい》せざれ……）

病気を押して修行しようとしている弟子に衣薬を送り、服用の方法までこまかく教示している。体調が悪い時に苦行など長々《ながなが》と続けてはなりません、体調が治ったらすぐにまた始めなさい、というような指示は、空海のあまり知られていない気くばりの一面をかいま見るようである。

病床の天皇への手紙

次に「弘仁天皇（嵯峨《さが》天皇）の御厄を祈誓したてまつる表」と後に題をつけた、空海から天皇への上表文を挙げよう（『性霊集』巻第九、全集③五一九頁）。

沙門空海が申し上げます。陛下のお加減が悪いとうけたまわって茫《ぼう》然自《ぜんじ》失《しつ》しております。そこで弟子たちと一緒に、密教の修法によって七昼夜祈願の期間を区切ってつとめることとし、今月八日より今朝までの七日間で終了いたしました。経《きょう》を読誦《どくじゅ》し、真言《しんごん》をとなえ続け、とだえることはございませんでした。護摩《ごま》の火煙は昼夜を問わず燃えあがっておりました。仏陀《ぶつだ》のご加護《かご》を願い、陛下のご回復を心からお祈りいたしました。しかしいまだ効果があらわれていないのは私の努力が足りないのかと肝《きも》が爛《ただ》れる思いでございます。

どうか私のこの気持をお察し下さい。この修法によって祈りを込めたお水を一瓶《ひとびん》、弟子の真朗《しんろう》に馬を引かせてお届け申し上げますので、お薬を飲む際にお使い下さって、早く良くなって下さい。僧、空海謹《つつし》んで申し上げます。


（沙門《しやもん》空海言《もう》す、伏して聖体の乖予《かいよ》を承《うけたまわ》って心神主《しんしんしゅ》なし。すなわちもろもろの弟子の僧等《ら》と、法によって一七日夜《いちしちにちや》を結期《けつご》して今月八日より今朝に至るまで一七日畢《おわ》りなんとす。持誦《じじゅ》の声響《ひび》き、間絶《けんぜつ》せず。護摩《ごま》の火煙《けむ》り昼夜を接す。もって神護《じんご》を仏陀《ぶつだ》に仰《あお》ぎ平損を天躬《てんきゅう》に祈誓《きせい》す。感応《かんのう》いまだ審《つまびらか》んぜず己《おのれ》を尅《せ》めて肝《きも》を爛《ただ》らす。

伏《ふ》して乞《こ》う、体察《たいさつ》したまえ。謹《つつし》んで神水一瓶《しんすいいちびょう》を加持して、かつ弟子の沙《しゃ》弥《み》、真朗を勒《ろく》して奉進《ほうしん》せしむ。願わくはもって薬石《やくせき》に添《そ》えて、不祥を除却《じょきょ》

したまえ。沙門空海、誠惶誠恐謹《つつし》んで言《もう》す）

病気の平癒《へいゆ》を神仏に祈願するのは、当時も現在も変わりないのであり、信仰の力によって効果のあることは間違いないが、祈《いの》りを込《こ》めた水を贈って、薬をのむ時に用いて下さい、というのは、まことに理にかなったもので、高い常識をふまえた空海の想いが理解できる。薬のかわりにこの水をお飲みなさい、というのとはわけが違うのである。

苦労人空海の出処進退

空海の青年期の行動にひいては彼の主張する密教に批判的な人々がいたことは先に触れたが、彼らの批判的言動に遇ってであろう、空海はいくたびも高野山に引きこもり研究や伽藍《がらん》の整備をつづけ、都《みやこ》に降《お》りてこない時があった。そうした空海に対して親しい人々は「早く京都にもどってほしい、あなたを待っている人が沢山いるのですから」と帰京をすすめ、山に籠っているのは、宝の持ちぐされ（徒《いたずら》に玉《たま》を懐《いだ》くようなもの）だと書簡を送った。これに対しての空海の返信は、世の中を送ることの難しさをさとして、自分の心の中を明かしている。出世間《しゅつせけん》をめざす空海が、世《よ》に処《しょ》すための配慮も忘れてはならないことを教示している例としてここに挙げておこう（『性霊集』巻第一、全集③四一八頁）。

国王の与える名薬でさえも、雑《ざつ》に用《もち》いればかえって毒となってしまうし、仏陀の妙教も誹謗《ひぼう》したり軽《かろ》んじたりすればかえって災《わざわ》いをもたらすことになる。夏に吹く涼風は喜《よろこ》ばれるが、冬の川辺を吹く風は人々がいやがる。同じ風でも受けとられかたが違うのである。おいしいごちそうも病気の人にはおいしくないし、空腹の人には極めておいしく感じるのだ。同じ味でも受けとりかたが違うのである。またあの西施のような美女の笑顔も、男たちは愛好し夢中になるけれども、魚や鳥たちは悦《よろこ》ぶどころか驚いて逃げてしまうだろう。

これと同様に、志向《しこう》が同じ人と異《こと》なる人と、時を得ているのと時を得ていないのと、昇沈《しょうちん》、讃毀《さんき》、黙語《もくご》はまことに難しいと。

（……輪王《りんのう》の妙薬も鄙《いや》しゅうすれば毒となり法帝《ほってい》の醍醐《だいご》も謗《ぼう》ずれば災《わざわ》いを作《な》す。夏月の涼風《れいふう》と冬天《とうてん》の渕風《えんぷう》とは、一種の気なれども瞋喜《しんき》同じからず。蘭《らん》肴美膳《こうびぜん》、味《あじわい》に変ること無けれども、病なる口と飢《う》えたる舌《した》とに甘苦《かんく》別なり。西施《せいし》の美笑には、人《ひと》愛死すれども魚鳥は驚絶《きょうぜつ》して都《すべ》て悦《よろこ》ばず。

同《どう》と不同《ふどう》と、時と時ならざると、昇沈《しょうちん》、讃毀《さんき》、黙語《もくご》君これを知れりや、これを知れりや……）

いかに正しいことと確信していても、時を考え相手を考えて、あるいは黙りあるいは語るのでなければ、かえってそれを誹謗する者の災いを増すだけだ、というあたり、いかにも苦労人の空海ならではのことばである。

空海を慕う友の詩

空海の著作は多いが、相手に宛てた書簡（手紙）も百数十を超える。そしてこれらはすべて空海の教化《きょうか》であり、指導であり、人生相談といえるのである。空海は常に真剣に相手を思い、本気で智慧をしぼっている。こうした空海の心に接して、いやされ救われた人々は数《かず》知れないのである。最後にその中の一人小野岑守《おののみねもり》の詩の一部を紹介して、空海がどのように親しまれていたかを知るようすがとしたい。

天長四年（空海五十四歳）に撰進《せんしん》された『経国集《けいこくしゅう》』には、空海の作成した詩、及び空海に関係する詩、数首を載《の》せている。その中に、小野岑守の

「帰休《ききゆう》し独《ひと》り臥《が》して高雄寺の空《くう》上人に寄《よ》す」というのがある。これは、世間の評判とか評価が変り易《やす》いことをうたい、岑守が空海を思う真心《まごころ》を述べたものである（全集⑤三六〇頁）。

……前二十句略……

昔、私が空海上人とお近づきになってから
もう十数年になる。
以来、上人は私に親しくして下さって
おつき合いは続いている。
（昔　余《よ》深く義を結ぶ
しかりしより十余紀なり
真諦《しんたい》〈空海を指す〉は俗諦《ぞくたい》〈在家の岑守〉を憐《あわ》れみ
緇衣〈色衣《しきえ》―僧侶〉は素履〈白いはきもの――在家〉に交《まじ》わる）

……二句略……
幸いに上人の澄んだ水のようなお心に接して
官位も昇ってきた。
しかし私はまだまだ立身出世をむさぼり
決して満足することはなかった。
（幸《さいわ》いに滄浪《そうろう》の清《す》めるに遇《あ》って
纓《えい》を濯って責任を欣《よろこ》ぶ
栄華なお進むことを貪《むさぼ》り
盈満《えいまん》いまだ止《や》むこと能《あた》わず）
……四句略……
そして病に臥していまやわが家の床についている。
こうなってしみじみ想うのは空海上人との
楽しい変らぬおつき合いである。

できることならば、
最後にまた再び空海上人にお目にかかりたいものだ。
（日往《ひゆ》いて月還《ま》た来《きた》る
終《おわり》を慎《つつし》むこと願わくは始《はじめ》の如《ごと》くならん）
……後略……

岑守《みねもり》の空海を思う心が強く感じられる。彼はこれから三年後の天長七年に死去している。

以上、思いつくままに空海のあまり知られていない一面を見てきたが、これらを通して、空海の心の自由自在なこと、臨機応変なこと、広く深く観察し適確に判断していること、温かい心情を持ち続けていることが知れると思う。

あとがき

ある時は孤独を楽しみ、ある時は市井《しせい》の一人として大衆と共に生き、自然をこよなく愛し、同時に都会にあって文化の向上をめざす。時にのぞんでは心から喜び、悲しみ、世俗的感情を抑えようとしない。しかし空海の心には、これら世間を超えたより広い、高い世界が広がっている。しかもそれは、あらゆる価値を包括《ほうかつ》した世界である。

私たちもここで、空海のめざしたものを探《さが》してみようではないか。比較しながら共存できるという物の見方、ばらばらなように見える価値観も実《じつ》はその根底に、統一のとれた生きかたがあることに気づこうではないか。

これを空海が主張する曼荼羅《まんだら》の世界というのである。

この作業は単に宗教を信じる、というような表現では表わし切れないであろう。自分でこしらえた壁《かべ》をとっ払って、広々《ひろびろ》と広《ひろ》がる遠大なる価値を、皆で手をつなぎ合って求めていこうというのである。

私たちは『三教指帰《さんごうしいき》』『秘蔵宝鑰《ひぞうほうやく》』『般若心経秘鍵《ひけん》』を読み、空海の思いを知ることによって、これまでの宗教の概念《がいねん》を捨《す》てなければならないであろう。狭《せま》く低《ひく》い段階《だんかい》で人々の心を、コンクリートでかためるような宗教は、むしろ害悪《がいあく》であることに気付かなければなるまい。もっともっと広い心を持ち、できるだけ深く、自分の心を掘りさげる努力をしてみよう。これこそが救いへの最短の道だ、と空海は主張しているのである。

これを現代に置きかえれば、空海の思想は世界平和の実現をめざすものであり、対立と抗争を乗り超えて、平和的共存を主張するものということができるであろう。

最後に、前二作に引き続いて本書出版のためにひとかたならぬ御尽力を頂いた角川学芸出版、並びに同社編集部の田中隆裕氏に心から感謝してあとがきとする。

東京、練馬、南蔵院の一室にて

加藤精一

ビギナーズ 日本《にほん》の思想《しそう》

空海《くうかい》「般若《はんにや》心経《しんぎよう》秘《ひ》鍵《けん》」

空海《くうかい》 加藤精一《かとうせいいち》＝編

平成23年 5月25日 初版発行
令和2年 8月25日 25版発行

発行者●郡司 聡

発行●株式会社KADOKAWA
〒102-8177 東京都千代田区富士見2-13-3
電話 0570-002-301（ナビダイヤル）

角川文庫 16804

印刷所●株式会社KADOKAWA
製本所●株式会社KADOKAWA

表紙画●和田三造

ISBN978-4-04-407224-7 C0115

角川文庫発刊に際して

角　川　源　義

第二次世界大戦の敗北は、軍事力の敗北であった以上に、私たちの若い文化力の敗退であった。私たちの文化が戦争に対して如何に無力であり、単なるあだ花に過ぎなかったかを、私たちは身を以て体験し痛感した。西洋近代文化の摂取にとって、明治以後八十年の歳月は決して短かすぎたとは言えない。にもかかわらず、近代文化の伝統を確立し、自由な批判と柔軟な良識に富む文化層として自らを形成することに私たちは失敗して来た。そしてこれは、各層への文化の普及滲透を任務とする出版人の責任でもあった。

一九四五年以来、私たちは再び振出しに戻り、第一歩から踏み出すことを余儀なくされた。これは大きな不幸ではあるが、反面、これまでの混沌・未熟・歪曲の中にあった我が国の文化に秩序と確たる基礎を齎らすためには絶好の機会でもある。角川書店は、このような祖国の文化的危機にあたり、微力をも顧みず再建の礎石たるべき抱負と決意とをもって出発したが、ここに創立以来の念願を果すべく角川文庫を発刊する。これまで刊行されたあらゆる全集叢書文庫類の長所と短所とを検討し、古今東西の不朽の典籍を、良心的編集のもとに、廉価に、そして書架にふさわしい美本として、多くのひとびとに提供しようとする。しかし私たちは徒らに百科全書的な知識のジレッタントを作ることを目的とせず、あくまで祖国の文化に秩序と再建への道を示し、この文庫を角川書店の栄ある事業として、今後永久に継続発展せしめ、学芸と教養との殿堂として大成せんことを期したい。多くの読書子の愛情ある忠言と支持とによって、この希望と抱負とを完遂せしめられんことを願う。

一九四九年五月三日